Oldenbourg Interpretationen

Herausgegeben von
Klaus-Michael Bogdal und Clemens Kammler

begründet von
Rupert Hirschenauer (†) und Albrecht Weber

Band 29

Carl Zuckmayer

Der Hauptmann von Köpenick

Interpretation von
Werner Frizen

Oldenbourg

Seitenangaben in Klammern beziehen sich auf die Taschenbuchausgabe des S. Fischer Verlages (Nr. 7002), die zuerst 1961 erschienen ist.

CIP-Titelaufnahme der Deutschen Bibliothek

Frizen, Werner:
Carl Zuckmayer, Der Hauptmann von Köpenick:
Interpretation/von Werner Frizen. – 2., überarb. u. erg. Aufl.
– München: Oldenbourg, 1988
   (Oldenbourg-Interpretationen; Bd. 29)
   ISBN 3-486-88605-3
NE: GT

2., überarbeitete und ergänzte Auflage 1988
Unveränderter Nachdruck   99   98   97   96   95
Die letzte Zahl bezeichnet das Jahr des Drucks.

Lektorat: Ruth Bornefeld
Herstellung: Fredi Grosser
Umschlaggestaltung: Klaus Hentschke
Gesamtherstellung: Wagner GmbH, Nördlingen

ISBN: 3-486-88605-3

Inhalt

1
Die Entstehungsgeschichte

1.1
Der historische Hauptmann von Köpenick

Der 16. Oktober 1906 ist einer der schwarzen Tage in der Geschichte des zweiten deutschen Kaiserreiches. Was an diesem Tag geschah, könnte man als komödienhafte Vorwegnahme des traurigen Endes des preußischen Militarismus verstehen: Der Schuster Wilhelm Voigt, siebenmal vorbestraft, ohne Paß und ohne Aufenthaltsgenehmigung, ersteht eine Hauptmannsuniform, kommandiert eine Soldateneinheit vom Fleck weg, besetzt mit ihrer Hilfe das Rathaus zu Köpenick, läßt die Soldaten den Bürgermeister der Stadt arretieren und verschwindet mit der Stadtkasse.

Jeder Bericht über dieses Ereignis fällt hinter Voigts eigene Schilderung zurück:

„Nachdem ich gespeist, begab ich mich um ½ 12 Uhr auf den Platz, um die Wachen in Empfang zu nehmen.
Wider mein Erwarten sah ich bereits eine im Abmarsch begriffen. Wie ich später erfuhr, war es die Mannschaft von der Schwimmanstalt. Da sie nicht in ordnungsgemäßer Weise grüßte, rief ich ihr zu: *Halt!*
Und der Kommandierende der Wachtmannschaft ließ halten und machte mir in vorschriftsmäßiger Weise die Meldung über das ,Woher und Wohin!' (...)
Ich teilte also ihm und der Mannschaft mit, daß sie jetzt nicht zur Kaserne marschieren dürften, sondern auf höheren Befehl durch mich zu einer anderen Dienstleistung kommandiert würden. Dann befahl ich dem Gefreiten, auch die zunächst gelegene Wache von dem Schießstande des 2. Garderegiments herbeizurufen. Dies geschah in kürzester Frist. (...)
Wir zogen also zum Rathaus, und nachdem ich dort in ordnungsgemäßer Weise die Posten hatte aufstellen lassen, verfügte ich mich in das Innere. (...)
Zunächst suchte ich mir das Zimmer des Sekretärs auf, das im ersten Stock lag.
Als ich die Türe öffnete, saß der Herr ruhig auf seinem Sitz.
Ich teilte ihm mit, daß ich Auftrag hätte, ihn nach Berlin zur Neuen Wache zu schaffen und daß er sich demgemäß reisefertig machen möge.

Er hatte nicht viel dagegen einzuwenden, und so stellte ich ihm zwei Hüter zur Seite, die dafür zu sorgen hatten, daß ihm keine Unannehmlichkeiten zustoßen konnten.

Von hier begab ich mich in das nebenliegende Zimmer des Bürgermeisters. Bei meinem Eintritte saß dieser hinter einem Tisch auf seinem Sessel und schien etwas überrascht. Als er meine Charge jedoch erkannte, sprang er auf. Und wie ich auch ihm mitteilte, daß ich ihn *auf Allerhöchsten Befehl* nach Berlin zur Wache zu bringen hätte, war er, wie begreiflich, zunächst darüber sehr bestürzt.

Er bat mich um Aufklärung und ich bedeutete ihm, daß er ja dort alles erfahren würde. Und als er weiter in mich drang, ihm zu seiner Beruhigung doch zu sagen, was eigentlich vorliege, da habe ich ihm völlig wahrheitsgetreu gesagt: ich wüßte das nicht.

Er versuchte nun noch alle möglichen Ausreden und Einwendungen; als Antwort stellte ich auch ihm zwei Grenadiere vor und übergab ihn in deren Hut. (...)

Auf dem Wege zum untersten Stock fiel es mir aber ein, daß ich noch gar keine Polizeibeamten gesehen hatte und, um mich darüber zu informieren, wo die Herren eigentlich steckten, schritt ich den Korridor nach links ab und kam so vor das Zimmer des Polizeiinspektors.

Der saß gemütlich in seinen Sessel gelehnt und schlummerte. Ich weckte ihn. Er schaute ganz verblüfft drein. Darauf fragte ich ihn, ob er denn dafür von der guten Stadt Köpenick bezahlt würde, daß er hier säße und schlummerte? Er möchte die Güte haben, sich hinaus zu bemühen und dafür zu sorgen, daß in den Straßen die nötige Ordnung eingehalten würde, und in dem Verkehr keine Störung eintrete.

Schleunigst entfernte er sich, wurde aber von dem Posten am Portale nicht durchgelassen und kam ganz verdutzt und verstört zu mir zurück. Der Posten ließe ihn nicht hinaus, erklärte er mir und bat mich, ihn doch zu beurlauben, da er baden müsse.

Da mir dies wirklich dringend nötig erschien, so bekam er seinen Urlaub. Und wie es schien, war es tatsächlich eine große Wäsche, die er veranstaltete, denn ich bekam ihn nicht wieder zu sehen.

Nachdem so auch dem Humor sein Recht geworden, trat wieder der ganze Ernst der Situation an mich heran. (...)

Wie mir schien, hatte der Herr Bürgermeister während der Zeit, da ich nicht bei ihm war, die Sache nach allen Seiten erwogen. Er legte mir nämlich nach einer Einleitung die Frage vor – in Form einer Bitte –, ob ich ihm nicht beweisen wolle, daß ich zu seiner Festnahme, die doch in ungewöhnlicher Form vor sich gehe, auch berechtigt wäre.

Ich drehte mich mit einer halben Wendung nach rechts, zeigte mit der Hand auf die drei draußenstehenden Soldaten und sagte: *‚Nun, ich glaube, ich bin bei Ihnen doch legitimiert genug.‘*

Für einen Nichtoffizier ist diese Handlungsweise unverständlich, und gibt Anlaß zu der Vermutung, daß ich dem Bürgermeister mit den Waffen habe drohen wollen. Ein Offizier konnte in diesen Irrtum nicht verfallen, denn es waren vertreten: die Uniform des Garderegiments, das nach Potsdam gehört, die Uniform des vierten Garderegiments und die Uniform des Gardefüsilierregiments, das in Berlin steht. Ein Offizier der Potsdamer Garnison kann aber zu einer Diensthandlung in und um Berlin, sofern er sich der Mannschaft aus einer Berliner Garnison dazu bedienen muß, diese nur durch die Stadtkommandantur erhalten haben.

Mithin konnte jemand, der diese Vorschriften kannte, an meinem dienstlichen Auftrage nicht zweifeln. Ich war also dadurch allein dem Bürgermeister, der, wie ich später erfuhr, Leutnant der Reserve ist, genügend legitimiert. (...)

Unterdessen hatte mir der Stadtwachtmeister die Meldung gemacht, daß die Wagen da wären.

Ich beschloß, das Spiel zu beenden, indem ich den Bürgermeister und den Rendanten nach Berlin abführen ließ. Das tat ich aber, um der Mannschaft den Weg nach Berlin freizuhalten, da ich selber nicht bei ihr bleiben, auch nicht voraus wissen konnte, was in meiner Abwesenheit passierte.

Um alles unnötige Aufsehen zu vermeiden, hatte ich die Kutschen in den Hof des Rathauses hineinfahren lassen.

Ich stieg die Treppe hinunter und kümmerte mich nicht weiter um das Einsteigen, sondern überließ die Aufsicht dem dort postierten Grenadier.

Ich selbst begab mich ins Kassenzimmer, um auch dem Rendanten die Bestimmung über seine Abreise mitzuteilen.

Zu meinem Erstaunen trat er auf mich zu und bat mich an den Tisch zu treten, auf dem er die Tageskasse im Betrage von 4000 Mark aufgezählt hatte.

Dabei ersuchte er mich, ich sollte die Kasse übernehmen!

Ich war ganz erstaunt darüber, denn ich hatte mit keinem Worte und mit keiner Silbe geäußert, daß ich die Kasse übernehmen wollte. Sie wäre ohne diese Übergabe ruhig in Köpenick geblieben. Darauf legte mir der Rendant einen Schein vor und bat mich, denselben zu unterschreiben. (...)

Vor dem Rathaus winkte ich den Gendarm heran, machte ihn mit meinen Befehlen bekannt und beauftragte ihn nach dem Abmarsch der Mannschaften vorläufig mit der Aufrechterhaltung der Ordnung im Rathause sowie in der Stadt Köpenick.

Ich ging dann zu Fuß zum Bahnhof und fuhr mit dem Zuge nach Berlin. Hier begab ich mich zunächst in ein der ‚Neuen Wache‘ nahegelegenes Café, denn ich war selbst begierig, zu erfahren, welchen Verlauf die Dinge in Berlin nehmen würden. Ich sah von hier aus mit an, wie die Wagen in Berlin eintrafen.

Als ich nach dem Eintreffen des Bürgermeisters vor der ‚Neuen Wache‘ erkannt hatte, daß meine Befehle pünktlich ausgeführt waren, verschaffte ich mir einen Zivilanzug und kleidete mich dann sofort um, so daß ich unbemerkt in der späteren Abendstunde meine Wohnung wieder erreichen konnte. (...)"[1]

Die Presse hat ihre Gaudi. Extrablätter überbieten sich. Falsche Hauptleute zeigen sich an allen Ecken und Enden des Deutschen Reiches. Aber die Presse diskutiert die Geschichte Voigts auch als „Fall Köpenick". Man erkennt sofort, daß dieser Fall nur unter diesen gesellschaftlichen Bedingungen möglich war. Ob Voigt verantwortlich zu machen sei, da sich ihm die Umstände doch freizügig von selbst angeboten hätten, ob Voigt ein Opfer des Polizeiterrors oder verführt sei durch den schon mit der Muttermilch eingesogenen Militarismus: so und ähnlich lauten die Überlegungen der liberalen und linken Presse:

> „Wenn Voigt (...) freigesprochen worden wäre, hätte ihn die Volksmenge, die draußen des Urteilsspruchs harrte, im Triumph davongeführt, denn vieler Sympathien hat er durch seinen Geniestreich und seine ruhige und bescheidene Haltung vor Gericht errungen."[2]

Sympathisch ist er, weil er in die Reihe der immer schon balladenhaft besungenen Rebellen gehört. Er gefällt einem Volk, das keine Revolutionen gekannt hat. Die Unebenheiten in Figur und Geschichte Voigts, die nicht ins Bild vom guten Verbrecher passen, gehen in der Sympathiewelle unter. Der „Fall von Köpenick" zeigt: Die preußische Uniform hat sich verselbständigt und wendet sich zerstörerisch gegen sich selbst. Noch lacht man darüber, daß der Militarismus den Militarismus mit seinen eigenen Mitteln besiegt. Doch gibt es auch schon zeitgenössische Stimmen, die in Voigts Schicksal ein Fanal für den Untergang des Kaiserreiches erblicken.

Niemand hätte sich für Voigt interessiert, die Presse nicht und auch der Schriftsteller nicht, wäre im Theatercoup Voigts nicht solche politische und gesellschaftliche Brisanz zum Vorschein gekommen. Die erst veranlaßt, nach der Vorgeschichte der Tat und des Täters zu forschen. In den Gerichtsakten vom 30.11.1906

(Voigt wird am 26.10. verhaftet) wird die Biographie des Land-
streichers protokolliert, die nicht die Geschichte eines Lebens,
sondern eine Geschichte von Verhaftungen und Zuchthausauf-
enthalten ist:

> „Der Angeklagte gibt auf Befragen an, daß er am 13. Februar 1849 zu
> Tilsit geboren sei. Er ist Witwer, Vater von vier Kindern, die in Böh-
> men wohnen. *Soldat ist er nicht gewesen.* Der Angeklagte ist *sieben Mal*
> vorbestraft und zwar: vom Kreisgericht in Tilsit am 12. Juni 1863 we-
> gen Diebstahls mit vierzehn Tagen Gefängnis; von demselben Gericht
> am 9. September 1864 wegen Diebstahls mit drei Monaten Gefängnis;
> von demselben Gericht am 11. September 1865 wegen Diebstahls im
> Rückfalle mit 9 Monaten Gefängnis und 1 Jahr Ehrverlust; von dem
> Schwurgericht zu Prenzlau am 13. April 1867 wegen Urkundenfäl-
> schung mit 10 Jahren Zuchthaus und 1500 Talern Geldstrafe oder
> noch 2 Jahren Zuchthaus; vom Landgericht zu Posen am 5. Juli 1889
> wegen schweren Diebstahls mit einem Jahr Gefängnis; von demselben
> Gericht wegen intellektueller Urkundenfälschung mit 1 Monat Ge-
> fängnis; vom Landgericht zu Gnesen am 12. Februar 1891 wegen
> schweren Diebstahls im Rückfalle mit 15 Jahren Zuchthaus, Ehrver-
> lust auf 10 Jahre und Zulässigkeit der Polizeiaufsicht".[3]

Das macht *in summa* rund 30 Jahre Gefängnis, gut die Hälfte des
Lebens des jetzt 57jährigen.

Man interessiert sich für die Herkunft und Sozialisation des
„Falles": Der Vater ist Spieler und Trinker, die Mutter schwach
und unterwürfig, auf die gesellschaftliche Konvention bedacht.
Konflikte werden von ihr harmonisiert. Häusliche Zerwürfnisse
begleiten das Leben des Kindes und trüben die Perspektiven des
Heranwachsenden. Der träumt von einer militärischen Laufbahn,
macht auch Hoffnung, daß ihm der Aufstieg gelingen werde. Auf
dem nahegelegenen Exerzierplatz ist er gern gesehener Gast und
saugt dort den Militarismus in sich auf. Die Träume scheitern,
weil der Vierzehnjährige schon wegen Bettelei[4] mit 48 Stunden
Gefängnis bestraft wird. Der Träumer muß in die Schuhmacher-
lehre beim Vater, in einen Beruf also, der vom Träumen nicht ku-
rieren kann. Der Grund ist gelegt für eine eskalierende Kriminali-
tät: Ständiges Fernweh treibt Voigt zur Wanderschaft; weitere
Delikte folgen. Nach Berlin geraten, fälscht er Postanweisungen
und betreibt Hochstapelei. Am Ende steht ein bewaffneter Überfall auf die Gerichtskasse zu Wongrowitz. Schon seit der Urkun-
denfälschung ist Voigt als Gewohnheitsverbrecher ausgewiesen

und kann vor Gericht keine mildernden Umstände geltend machen. Der Überfall trägt ihm die Höchststrafe, 15 Jahre Zuchthaus, ein. Als er dann entlassen wird, gilt er als Gefährdung der „Sicherheit und Moralität" Rixdorfs und wird ausgewiesen. Der Plan entsteht, der Coup gelingt. Obwohl er verhaftet und verurteilt wird, erreicht Voigt doch, was er beabsichtigt hatte: Nach zwei Jahren wird er begnadigt. Fortan zehrt er von seinem Ruhm, tritt als „Hauptmann" auf, verkauft sich selbst in Form von Postkarten (gerät dadurch 1909 schon wieder mit den Gesetzeshütern in Konflikt, weil er die Postkarten ohne Gewerbeschein verkauft), bereist Amerika und veröffentlicht seine Geschichte in seinem „Lebensbild" „Wie ich Hauptmann von Köpenick" wurde. Der Stil dieser Autobiographie ist der Mann selbst. Wer einen Eindruck vom verquollenen, selbstverliebten, Bildungssprache unfreiwillig parodierenden Stil gewinnen will, vergleiche die oben abgedruckten Auszüge aus den Memoiren!

Zuckmayer interessieren vornehmlich zwei Phänomene am Fall Wilhelm Voigt, die von der Presse und auch von den Parlamenten[5] diskutierte Frage nach der Verantwortlichkeit und die lebensechte Figur des Außenseiters, der es vermag, sich schließlich doch gegen die gesellschaftlichen Umstände zu behaupten. Zuckmayer imponiert die *„success story"*, die belegt, daß der einzelne, auch das „Stiefkind" des Lebens, sein Schicksal selbst in die Hand nehmen und aus dem Teufelskreis seiner Existenz ausbrechen kann.

> „Warum nun dieser vorbestrafte Schuster Wilhelm Voigt, der Mann ohne Paß und ohne Aufenthalt, nicht ins Wasser ging oder im Säuferheim verfaulte – sondern, mit einer alten Montur vermählt, ein ganz anderer, Neuer ward:
> Wieso man ihn, das Stiefkind aller Amtsstuben, gleich nach dieser Hochzeit als ihren unumschränkten Herrn und Herrscher anschaute: Weshalb gerade er, der Wilhelm Voigt, etwas gemerkt hatte, was sechzig Millionen guter Deutscher auch wußten, ohne etwas zu merken: all das versucht das Schauspiel ‚Der Hauptmann von Köpenick' im Ablauf weniger Abendstunden zu zeigen".[6]

Die Presse hat schließlich gleich erkannt, welche dramatischen Potenzen im Fall Voigt stecken. Der „Münsterische Anzeiger" vom 28. 10. 1906 spricht in der Schlagzeile von der „Tragikomödie von Köpenick" wie die „B. Z. am Mittag" am 26. 10. über

„eine bürgerliche Tragikomödie". Das „Berliner Tageblatt" vom 17.10. erwägt im Detail die dramaturgischen Möglichkeiten des Stoffes:

„Der falsche Hauptmann von Köpenick hat in jedem Falle seine Rolle gut gespielt. Er hat sich zum Helden einer tollen Posse gemacht, deren Hauptwitz, wie jeder wirklich gute Witz, einen ernsten Hintergrund besitzt. (...) Die ganze Anlage seines Streiches zeigt dramatische Begabung".[7]

Schließlich weiß der „Daily Telegraph" vom 19.10. zu berichten, daß der Staatsstreich von Köpenick schon zur Burleske verkommen ist: Das Berliner Monopoltheater nutzte die dramatischen Möglichkeiten und schob die Szene in eine Revue ein.[8]

Zuckmayer lehnt sich aber noch an eine andere literarische Form an, die dem Vorgang besonders wesensverwandt erscheint: an die *Moritat,* an die zur Drehorgelmusik vorgetragene Greuelgeschichte moralisch-lehrhaften Charakters, die zugleich auf schauerlichen Bildtafeln veranschaulicht wird. Schon die frühesten „poetischen" Bewältigungsversuche haben den Fall mit dem bänkelsängerischen Balladen- und Moritatengewand drapiert, so etwa Fedor Freund mit seiner *Schauermär von Köpenick* oder der „Kladderadatsch" mit seiner Bildergeschichte *Der Hauptmann von Köpenick oder Der gestohlene Bürgermeister:*

„Publikum, vernimm die Mär der Mären
von der jrimmig jräßlich jrausen Jreueltat!
Ach, noch immer weinet blut'je Zähren
Köpenick, die hochjelobte Stadt."[9]

Oder:

„Höret Leute die Geschichte
Von dem großen Gaunertrick
Der gelang dem frechen Wichte
In der Spreestadt Köpenick."[10]

Aus dem Bänkelsang hat sich die Bildgeschichte, schließlich der *Comic* entwickelt. Auch die gehören in die Ahnenreihe des *Hauptmann von Köpenick.* Das, was als Zuckmayers Grundidee gelten könnte, ist ebenfalls von Anfang an in der Presse da: Die Hauptrolle spielt hier schon die Uniform. Gulbranssons satirische Bildergeschichte aus dem „Simplicissimus" komprimiert das Geschehen unter der Überschrift „Der heilige Rock von Köpenick oder die Macht der Uniform" und läßt die Assoziationen schweifen vom „heiligen Rock" von Trier bis zum goldenen Kalb. Die Bildersequenz zeigt die Geburt der Uniform aus dem Männerpissoir. Sie ist die Erfindung Gulbranssons. Die Akten kennen diese Szene nicht; denn Voigt sagt lediglich aus, er habe sich „in der Jungfernheide"[11] umgezogen. In den sechs Bildern ist Zuckmayers 17. Szene vom Gestaltentausch auf dem Abort umrissen und vorweggenommen.[12]

Der heilige Rock von Köpenick (Zeichnungen von O. Gulbransson)

oder die Macht der Uniform

1.2
„Der Hauptmann von Köpenick" im Werk Zuckmayers

Zunächst hatte Zuckmayer anderes vor. Er wollte das Volksbuch vom Eulenspiegel für die Heidelberger Festspiele dramatisieren. Ähnliches hatte er schon 1927 mit der Dramatisierung der Moritat vom Schinderhannes versucht. Mag sein, daß ihm diese Doublette selbst aufgefallen ist und die Arbeit deshalb nicht von der Stelle kam. Mag auch sein, daß ihm die Nähe zu Gerhart Hauptmann, die er immer gesucht hat, dann doch allzu eng war. Dieser hatte 1928 seine Aktualisierung und Politisierung des Eulenspiegelstoffes, *Des großen Kampffliegers* (...) *Till Eulenspiegel* (...) *Abenteuer*, veröffentlicht, eine Zeitdichtung über den Weltkrieg und die Wirren der entstehenden Republik, die zugleich „Komödie des Menschengeschlechts" sein sollte. In *Als wär's ein Stück von mir* gibt Zuckmayer den mangelnden Zeitbezug des Stoffes als Grund für das Scheitern des Plans an. Wie dem auch sei; jedenfalls gelingt Zuckmayer die Pointe: Als Fritz Kortner die Anregung zu einem *Hauptmann von Köpenick* vermittelt, wird der eine Schalksnarr kurzerhand durch den anderen ersetzt: „Das war mein ‚Eulenspiegel', der arme Teufel, der – durch die Not helle geworden – einer Zeit und einem Volk die Wahrheit exemplifiziert."[13] So schafft der Zufall die reibungslose Transformation des einen ins andere: Die Idee von der dramatischen Moritat kann bestehen bleiben, die „Possen" des einen helfen denen des anderen auf die Beine, und gleichzeitig eröffnet sich im zeitgebundenen Einzelfall der Blick auf die Ahnenwanderung schelmischer Gestalten. Bajazzo Voigt betritt die Bühne, die Komödie kann beginnen.

In der ländlichen Idylle des oberösterreichischen Henndorf bewegt Zuckmayer den Stoff in seinem Herzen. Kein Wort steht auf dem Papier, so erzählt er in seiner Autobiographie, als er durch die Nachfragen Max Reinhardts veranlaßt wird, das ‚Stück' zu rezitieren. Über Stunden – wieder eine lebensgeschichtliche Pointe – hat er das Stück aus dem Stegreif gespielt. Der Leser wird es ihm glauben, zumal ja dem Text, den Zuckmayer in den beiden folgenden Monaten zu Papier bringt, dies Stegreifspiel immer noch anzumerken ist. Das Manuskript ist im November 1930 abgeschlossen. Heinz Hilpert übernimmt die Regie bei der

Uraufführung im Deutschen Theater zu Berlin (5.3.1931). Die Reaktion ist enthusiastisch. Bis zur Machtergreifung wird die Komödie überall in Deutschland gespielt. Nur für die Nazis war Zuckmayer einer der „Asphaltliteraten".

Zuckmayer reagiert auf den Ungeist auf seine Weise: Er zieht sich nach Henndorf zurück und enthält sich des antifaschistischen Kampfs. Die Schilderung des österreichischen Idylls nimmt den ersten Platz ein in seiner Autobiographie: „ein Augenblick, gelebt im Paradiese". 1939 erfolgt die offizielle Ausbürgerung aus dem Deutschen Reich.

Der Erfolg, den Zuckmayer mit dem *Hauptmann von Köpenick* erlebt, kam unvermittelt. Zuckmayer hatte seine schriftstellerische Laufbahn ganz anders und wenig erfolgversprechend begonnen. Die dramatischen Fingerübungen des Dreiundzwanzigjährigen stehen im Zeichen eines verspäteten Expressionismus. Nie hat Zuckmayer an der Spitze einer literarischen Bewegung gestanden, er hat keine Schule begründet und keine Jünger gehabt (Jünger, allerdings nicht auf literarischem Gebiet, ist ihm nur Thomas Bernhard gewesen). Sein Erstlingsstück *Kreuzweg* fällt 1920 durch. Kerr, der Gefürchtete, verkündet das Ende von Zuckmayers Laufbahn, bevor sie begonnen hat. Andere Rezensenten sprechen von Schändung des Theaters durch Stümperei.[14] Monty Jacobs gesteht, daß ihm nie „ein Theaterstück rätselhafter schien".[15] Es bedurfte schon einer zähen Natur, um dies Fiasko in den Augen der führenden Theaterkritiker durchzustehen.

Andererseits wußten Kritiker wie Harden, Ihering, Jacobsohn offensichtlich doch etwas mit dem Drama anzufangen. Else Lasker-Schüler liest es und wird zur Fürsprecherin Zuckmayers.[16] Jessner nimmt es zur Aufführung an. Berger setzt sich dafür ein und inszeniert es. Kurt Wolff ist der Verleger.

Der Inhalt dieses Stückes läßt sich einfach nicht wiedergeben. Kerr hatte geschrieben, daß dieser „heillose Lyriker" Zuckmayer nie „einen auf der Bühne sprechbaren Satz hervorbringen"[17] werde. Zu vieles ist übersteuert, schrill, diffus, unentwickelt. Lyrik dominiert in diesem Stationendrama über Dramatik; Metaphorik wird über Gebühr strapaziert und deshalb unverständlich; Nebenzüge überwuchern; expressionistisch forciert werden Mimik und Gestik; die Zuordnung der Figuren bleibt undurchschaubar; eine dramatische Entwicklung und Zuspitzung findet nicht statt.

Zuckmayer hätte so nicht weiterschreiben können. Die Zuckmayer-Kritik hat den anderen Zuckmayer, den der Folgezeit, zum „echten" erklärt. Das aber, was auf den *Kreuzweg* folgt, ist nicht mehr als das Karl-May-Stück *Pankraz erwacht*. Beide trennen Abgründe. Das einzig Verbindende zwischen ihnen scheinen die sexuellen Monstrositäten zu sein. Der Erfolg beginnt für Zuckmayer erst, als er zwei grundlegende Entscheidungen trifft: die eine für den Naturalismus, die andere für die Komödie. Zuckmayers Erfolg liegt im Rückgriff auf Bewährtes begründet.

Mit Zuckmayers Entscheidungen ist *Der fröhliche Weinberg* geboren, eine Imitation von Hauptmanns *Jungfern vom Bischofsberg* und Ernst Niebergalls Posse *Datterich*: Der Weingutbesitzer Gunderloch knüpft die Verehelichung seiner Tochter an die Bedingung, daß der Zukünftige noch vor der Hochzeit den Nachkommen zeugt. Die Tochter umwerben der Naturbursche und Rheinschiffer und der intellektuelle, antisemitische Jurist. Es versteht sich, daß der Erdverbundene der Potentere ist und die Tochter gewinnt. Am Ende stehen drei Hochzeiten: Auch dem Doktor der Rechte billigt die dramatische Gerechtigkeit ein passendes Eheweib zu, und der Vater selbst will dann schließlich auch nicht der Vergnügen des Ehestandes entbehren.

Der *Fröhliche Weinberg* ist angesiedelt in Zuckmayers Heimat und vermittelt den Natur- und Heimatmythos, dem Zuckmayer sein Leben lang – ohne Rücksicht auf den nationalsozialistischen Mißbrauch – angehangen hat. Hauptfigur ist die Mutter Erde, der Weinberg selbst. Die Gemütlichkeit, die Wein- und Tanzexzesse, die sexuelle Freizügigkeit wirken zusammen, um das „Leben" zu feiern.

Zuckmayer interpretiert sich selbst richtig, wenn er über diese Umbruchphase in seinem Schaffen sagt, daß er seine „Grenzen" erkannt und der Absicht, „eine literarische Epoche, einen neuen Theaterstil, eine neue Kunstrichtung zu begründen", den Abschied gegeben habe:

„Aber ich wußte, daß man mit Kunstmitteln, die überzeitlich sind, mit einer Art von Menschenkunst, die nie veraltet sein wird, solange Menschen sich als solche begreifen, eine neue Lebendigkeit der Wirkung und der Werte erreichen kann. Dies war mein Programm – es war das Ergebnis einer ganz persönlichen Entwicklung. Ich wollte nichts Programmatisches und hatte für das, was es jetzt zu machen galt, keine

Theorie, noch nicht einmal sichere Pläne. Ich wollte an die Natur heran, ans Leben und die Wahrheit, ohne mich von den Forderungen des Tages, vom brennenden Stoff meiner Zeit zu entfernen."[18]

Diese Selbstcharakterisierung enthält die Schlüsselworte der Zuckmayerschen Dramaturgie. Die neue Konzeption bleibt bis zum *Hauptmann von Köpenick* bestimmend.

Die Erdhaftigkeit des *Fröhlichen Weinberg* verbindet sich nun mit naturalistischer Programmatik. Dem Volk aufs Maul zu schauen ist Zuckmayers „natürliches" Erbe und brauchte nicht erst naturalistisch vermittelt zu werden. Von den Naturalisten lernt Zuckmayer, daß die Kunst „Natur-x" (Arno Holz) ist und die Aufgabe hat, dieses „x" möglichst zu reduzieren. Ererbtes, Erlebtes und Erlerntes stehen im Zentrum. Vom Naturalismus muß Zuckmayer lernen, Milieu zu verdichten, die soziale Welt und ihre Probleme zu formulieren, Menschen zu individualisieren, die nicht nur Pathos und Bilderfluten von sich geben, sondern zu ihrem eigenen Ausdruck gelangen. Vom Naturalismus lernt er auch den Impuls zur künstlerischen Tätigkeit: Sym-pathie im wörtlichen Sinne, Mitleiden und Mitfreude mit seinen Figuren. Vom Naturalismus mußte Zuckmayer das Wichtigste abschauen: den konzisen Bau eines Stücks, die Konzentration auf den dramatischen Spannungsbogen, die Straffung des Konzepts auf das Wesentliche. Das Prinzip der lockeren Szenenreihung, das sich im expressionistischen Stationendrama findet, wirkt noch im *Hauptmann von Köpenick* nach, dessen konzentrierte Kraft mit dem Wachsen des Stückes immer mehr nachläßt.

Eines aber wird Zuckmayer den Naturalisten nie abnehmen: daß die Welt eine gottlose sei. Er sucht seinen Gott in der Natur, im „Leben". Ideologisch bleibt er zeitlebens Expressionist.

Zwei konkurrierende Tendenzen also bestimmen Zuckmayers Stücke seit dem *Fröhlichen Weinberg*: die zum Überzeitlichen, Ewig-Gleichen der menschlichen Natur und die zum Zeitgebunden-Naturalistischen. Beides aber wollte schon die naturalistische Poetik zusammenzwingen: „Einen Menschen bauen, der naturgeschichtlich echt ausschaut und doch sich so zum Typischen, zum Allgemeinen, zum Idealen erhebt, daß er im Stande ist, uns zu interessieren aus mehr als einem Gesichtspuncte (...)."[19] Im Untertitel des *Hauptmann von Köpenick*, „ein deutsches Märchen", ist beides, die Zeit und das Zeitlose, vereinigt.

2
Der Aufbau des Stückes

2.1
Handlungsverlauf und Aufbau des ersten Aktes: das Stationendrama

Der erste Akt scheint in sich locker gefügt zu sein, ist aber doch nach einem deutlich erkennbaren Strukturprinzip geformt. Es findet keine dramatische Entwicklung im handlungstechnischen Sinne statt; es darf keine Entwicklung geben, weil Voigts Schicksal stagniert. Eine Gesellschaftsform soll gezeigt werden, deren zum System gewordene Ordnung Fortschritt unmöglich macht, selbst die Wiedereingliederung des Außenseiters verbietet. Die Variation ist das angemessene Mittel, um die Statik der Situation und die Isolation des Helden Gestalt werden zu lassen. Der Akt reiht in einer Variation des immer Gleichen die vergeblichen Versuche Voigts, sich gesellschaftlich zu integrieren. Allein drei Szenen sind diesem Versuch ausdrücklich gewidmet: die erste, die zweite und die vierte.

Die *erste Szene* läßt noch kaum erkennen, worauf die Versuche Voigts hinauswollen. Sie spielt ein ironisches Versteckspiel mit dem Zuschauer, das erst vom Ende her seinen definitiven Sinn erhält. Die Zentralfigur, Voigt, erscheint nur im Hintergrund, steht draußen und starrt durch die Scheiben in das Eldorado des Uniformladens, in dem all das erglänzt, was ihm seine Assimilation ermöglichen würde. Seine beiden Vorstöße, den Laden zu betreten und sein Anliegen vorzubringen, stören die Ordnung und sind von vornherein zum Scheitern verurteilt. Niemand erfährt in der Situation selbst, welches Anliegen Voigt verfolgt. Er will tatsächlich nur nach Arbeit fragen (vgl. 20), ironisch nimmt aber Wabschke schon das Ziel aller Assimilationsversuche Voigts vorweg: „Ich weiß nich – vielleicht will er sich ne Gardeuniform bestellen!" (10). Das erste Wort, das der Held auf der Bühne spricht, ist „nee", das Wort Negation. Das Wort der anderen, das ihn von nun an verfolgen wird, heißt: „Raus!" (10 f.). Durch den kompositorischen Griff, Voigt als Hintergrundfigur sprachlos und ohnmächtig erscheinen zu lassen, gelingt es, sowohl die Grundsituation Voigts als auch Glanz und Elend des zweiten Kaiserreiches in Bühnenaufbau und Handlungsverlauf nachzubilden: Im Vordergrund der Bühne ist Gelegenheit, das Symbol des Preußentums, die Uniform, und dessen Vertreter mit allen Mitteln naturalistischer Detailtreue ins Zentrum zu rücken und zugleich die Perversion des uniformierten Geistes zu demonstrieren: Der breit angelegte Dialog hat nur ein Thema, die Frage, ob die Gesäßknöpfe an Hauptmann Schlettows neuer Uniform einen halben Zentimeter zu weit voneinander sitzen oder nicht. An dieser Frage entfaltet sich eine ganze Philosophie des preußischen Militarismus, durch die das dramatische Thema eingeführt wird.

Aus dieser ersten Szene entwickeln sich zwei Handlungsstränge: der eine konzentriert sich um das Schicksal Voigts, der zweite um das Schicksal der Uniform.[20]

In der *zweiten Szene* steht Voigt wieder vor einer unüberwindlichen Schranke, diesmal der der staatlichen Ordnungsmacht, der Polizei, selbst. Nun wird seine Person zum Gegenstand der Verhandlung. Der Dialog exponiert ihre Biographie als eine Geschichte von Straftaten, Verurteilungen und Inhaftierungen. Der Teufelskreis seines neuen Lebens in Freiheit wird zum Thema: keine Arbeit zu bekommen, weil ihm die Aufenthaltsgenehmigung fehlt, keine Aufenthaltsgenehmigung zu bekommen, weil er arbeitslos ist. Auch der zweite Versuch der „Leiche auf Urlaub" (10), unter den Lebendigen Fuß zu fassen, scheitert. Voigt bleibt nur der verbale Protest gegen den Formalismus und den Gesetzesrigorismus des Uniformträgers. Voigt wendet mit der ihm eigentümlichen Sprachfähigkeit das Bild von der Leiche auf Urlaub auf sich und seine Existenz: „Ick kann ja nun mit de Füße nich in de Luft baumeln, det kann ja nur 'n Erhenkter!" (17). Der, der am Anfang in seiner Sprachlosigkeit eingeführt wurde, weil man ihn nicht zu Wort kommen lassen wollte, zeigt nun eine Kommunikationsfähigkeit, die ihn nie im Stich lassen wird. Seine Sprache schon verrät, daß er dem Schematismus seiner Gegner überlegen ist. Indem er das Sprechen der anderen *ad absurdum* führt, gewinnt er im Sprechen nicht nur die kommunikative, sondern auch die moralische Überlegenheit. Vorerst jedoch reagiert der Uniformträger – selber sprachlos geworden – auf die Überlegenheit des gesellschaftlich Unterlegenen mit dem schon bekannten Gestus des Autoritären, der Argumentieren ersetzen soll: „Raus!!" (17)

Ein drittes Mal noch dreht sich das „Karussell", die Kaffee-mihle" (16) der Ausweglosigkeit, wenn Voigt als Arbeitssuchen-der vor den „Holzschranken" (31) des Personalbüros der Schuhfabrik *(vierte Szene)* steht. Es gibt nichts Neues unter der Sonne: Das Prinzip der Uniform ist allgegenwärtig. Auch die Industrie funktioniert militärisch. Der Personalchef der Firma ist in Verhalten, Ideologie und Sprache eine Neuauflage des Oberwachtmeisters der zweiten Szene. Dem „Raus!" (33) kommt Voigt durch den freiwilligen Rückzug zuvor.

Damit ist der eine Handlungsstrang des Aktes ans Ende gebracht. Gewerbe, Polizei und Industrie sind die Einrichtungen, bei denen Voigt vorspricht. Die Stationen, die den Zirkel seiner Existenz ausmachen, sind Stationen in zweifachem Sinn, dramaturgisch und existentiell. Die Szenen reihen sich als Stationen einer Leidensgeschichte, als Serie von Rausschmissen aus dem sozialen Zusammenhang, als Passion. *Kreuzweg* hieß Zuckmayers expressionistischer Erstling. Ein Kreuzweg ist auch der erste Akt des *Hauptmann von Köpenick*, konzipiert noch im Schema des expressionistischen Stationendramas, das Situationen episch reiht und auf die dem Drama eigene Zielgerichtetheit verzichtet. Die Szenen ruhen in sich und sind in sich aussagekräftig. Diese Szenen zeigen erschöpfend die Möglichkeiten, die Voigt gehabt hätte, sein Problem auf legalem Weg zu lösen. Die Szenenreihe beinhaltet nicht nur keine Entwicklung, sondern die verpaßte Entwicklung, die unter anderen Umständen möglich gewesen wäre. An ihrem Ende steht fest, daß nur noch der Weg in die Illegalität bleibt: Der Einbruch in das Polizeirevier (siebte Szene) ist durch die Komposition selbst vorprogrammiert. Aber auch diese „Zielgerichtetheit" des ersten Aktes ist zirkulär: Voigt wird durch den Einbruch, was er schon immer war: ein Krimineller, den die gesellschaftliche Ordnung zum Kriminellen gemacht hat.

Der zweite Handlungsstrang, der von der ersten Szene ausgeht, vollzieht ebenfalls die Figur des Kreises. Die erste und die siebte Szene spielen in Wormsers Uniformladen und rahmen das Schicksal der Uniform. In der ersten probiert Schlettow die nagelneue Uniform an, in der letzten Obermüller dieselbe Uniform, die aber nun aus zweiter Hand ist. Der Akt läuft in sich selbst zurück, zugleich eine Spiralbewegung nach unten abbildend. Zwischen den beiden Polen vollendet sich gegenbildlich zu dem

Voigts das Schicksal des Hauptmanns Schlettow, des Vertreters der gesellschaftlichen Macht.

In der *dritten Szene* verfängt sich Schlettow in den Fußangeln dieses Systems. Selbst in Zivil, will er in einem Halbweltlokal einen betrunkenen Grenadier arretieren. Der Uniformfanatiker will das Ansehen des Instruments retten, durch das er erst eine Existenz erhalten hat. Aber er ist machtlos, weil die Uniform nur Macht verleiht, wenn sie am Leibe getragen wird. Dadurch schlägt die Situation ins Gegenteil um: Der Hauptmann in Zivil, der verhaften wollte, wird selbst verhaftet.

Symmetrisch gruppieren sich die zweite und die vierte Szene um die dritte, die den ersten und den letzten Besitzer der Uniform – wieder ist Voigt nicht direkt mit der Uniform konfrontiert – im Club „Bonne Queue" zusammenführen. Der Club ist so obszön, wie sein Name sagt. „Queue" heißt obszön das männliche Glied, militärisch aber der Schwanz einer Soldateneinheit (und wird so auch in der ersten Szene genannt). Auch in der Halbwelt triumphiert der Uniformträger über den zivilen Konkurrenten. So wie der Hauptmann in Zivil vor der Uniform kapitulieren muß, so wendet sich die Gunst der Halbweltdame von Voigt dem Grenadier zu. Daß „Schale" „allens" (19) ist, ist nun auch auf karikaturistischer Ebene bewiesen.

Das in dieser Szene beschlossene Schicksal von Schlettows belegt die Richtigkeit von Voigts Beobachtung. In dem Moment, in dem von Schlettow sich seinen Abstieg bereitet, konzipiert Voigt die rettende Idee zum Aufstieg – mag es auch noch so lange dauern, bis die Konkretisierung der Idee gelingt. Die Simultanszene führt die Gegenläufigkeit dieser Bewegung in der Parallelaktion vor Augen.

In der *fünften Szene* steht Schlettow wie in der ersten vor dem Spiegel. Die „bessere Haut" (35), die ihm am Anfang angepaßt wurde, wird ihm nun vom Leib gerissen. Schlettow, dessen Existenz identisch war mit der Existenz der Uniform, fügt sich noch in die letzten Konsequenzen des Systems. Er zieht sich auf seine „Klitsche" (35) zurück. Sein Abschied ist in ironischem Sinne tragisch: denn er kommt seinem Tod als „Mensch" gleich. Zudem macht das „Unglück" (34) Schlettows den Weg frei für das „Glück" (127) Voigts. Der erste Akt zeigt die Tragödie des echten Hauptmanns, der letzte die Komödie des falschen.

In ähnlicher Weise wie die dritte verknüpft die *sechste Szene* zwei Handlungsstränge in einer Simultanszene. Einmal konzipiert Voigt mit Kalle seinen Plan, ins Polizeirevier einzubrechen, um endlich an den Paß zu gelangen. Zum andern ist auch dieser Plan eingebettet in ein Geschehen um die Uniform. In der Absteige für gescheiterte Existenzen, „Herberge zur Heimat" genannt, regiert der bekannte militaristische Geist. Der Deserteur, der hier von der Patrouille eingefangen wird, entspricht spiegelbildlich dem Reservisten der dritten Szene, den Schlettow verhaften will. In beiden Fällen siegt die Uniform, nur aus gegensätzlichen Gründen: Im ersten Fall erhält der Gefangene, der betrunkene Grenadier, der objektiv im Unrecht ist, Recht, weil er die Uniform trägt; im zweiten Fall schlägt die auch äußerlich gekennzeichnete Macht zu, ohne objektiv im Recht zu sein. Schlettow unterliegt, weil er die Uniform nicht angezogen hat, sie aber im Augenblick tragen müßte; der Deserteur, weil er die Uniform ausgezogen hat, die er nicht tragen wollte.

Zwischenstation auf dem Weg Voigts zum Glück ist die *siebte Szene.* Die Hauptmannsuniform wird degradiert: nun trägt sie Obermüller, der Leutnant der Reserve. Auch ihm paßt sie nicht. Sie ist ihm zu knapp, obwohl sie ihm im Grunde zu groß ist. Er wird den Möglichkeiten, die sich durch das Tragen einer Uniform ergeben, nicht gewachsen sein. Die Uniform muß erneut geändert, angepaßt werden. Wieder wird Voigts Schicksal durch eine Hintergrundinformation eingeblendet: Durch einen Botenbericht (Wormser liest aus der Zeitung vor) erfährt der Zuschauer vom gescheiterten Einbruch.

So nimmt der erste Akt das Schicksal der Uniform vorweg. Sie ist zwar das Zeichen der Machtausübung, zerstört aber auch ihren Träger und gibt ihn der Lächerlichkeit preis. Das Trauerspiel um Schlettow läßt auf dem Wege der Analogie erschließen, daß der Schluß des Ganzen, auf den die siebte Szene hinführt, für die Uniform kein Triumph, sondern ebenfalls eine Kapitulation sein wird.

„VORDERGRUND"

Zentralfigur

1. Schlettow	3. Schlettow	5. Schlettow	6. Patrouille/Deserteur	7. Obermüller

Geschehen

Uniformanprobe	Verhaftungsversuch	Entlassung	Verhaftung des Deserteurs	Uniformanprobe

Uniform

paßt nicht	‚befleckt' durch Un-ehrenhaftigkeit	zurückgewiesen	‚befleckt' durch Un-ehrenhaftigkeit	paßt nicht

„HINTERGRUND"

Figur

1. Voigt/Wormser → 2. Voigt/Oberwachtmeister → 3. Voigt/Kalle → 4. Voigt/Prokurist   6. Voigt/Kalle   7. Zeitung (Botenbericht)

Geschehen

Arbeitssuche „Raus!"	Gesuch um Aufenthaltserlaubnis „Raus!"	Entwicklung eines kriminellen Plans	Arbeitssuche „Raus!"	Plan zum Einbruch ins Polizeirevier	Verhaftung Voigts

2.2
Handlungsverlauf und Aufbau des zweiten Aktes: das Trauerspiel

Die Lücke zwischen den Akten füllen die zehn Jahre des Zuchthausaufenthaltes Voigts. Die *achte* Szene setzt ein gegen deren Ende mit einem Gefängnisgottesdienst zur Feier des vierzigsten Sedantages (1910). Den Gottesdienst löst der vaterländische, d.h. strategische Unterricht ab. Es ist auch das geistliche Regiment vertreten, das mit dem weltlichen Hand in Hand arbeitet. Die Szene hat Gelenkfunktion, denn sie motiviert das spätere Gelingen von Voigts Plan. Von den beamteten Kontrolleuren dieses Reiches lernt Voigt, was dieses Reich begründet hat, wie es funktioniert und schließlich auch – das ist die Ironie der Szene – wie es außer Funktion gesetzt werden kann.

Bei Schwester und Schwager Hoprecht *(neunte Szene)* findet Voigt nach der Entlassung aus dem Gefängnis jene Geborgenheit, die das Ziel seines ganzen Handelns ist. Im Schwager gewinnt Voigt den Menschen für sich, nicht aber den Beamten. Scheinbar bereitet die Gespaltenheit seiner Person keine Konflikte, weil die Dialogpartner, jeder auf seine Art, einer Hoffnung nachhängen: Hoprecht, daß er befördert wird, Voigt, daß er seine Aufenthaltsgenehmigung erhält. Die Schizophrenie des Schwagers deutet aber auf den Moment, in dem beide Hoffnungen gescheitert sind *(vierzehnte Szene),* voraus: Auch das kleinbürgerliche Reservat der Menschlichkeit bleibt von der gesamtgesellschaftlichen Entfremdung nicht verschont. Der letzte Hort der Geborgenheit, die Familie, ist für Voigt nur ein vorübergehendes Erlebnis.

Neunte und *zehnte Szene* verbindet dasselbe Ereignis. Wie Hoprecht wird der Bürgermeister von Köpenick am Kaisermanöver teilnehmen. Ihm fehlt nur die neue Uniform, weil ihm die alte wieder einmal nicht paßt, ihm nicht angemessen ist. Der Szenenwechsel wirkt durch den gesellschaftlichen und ideologischen Kontrast zwischen den beiden Reservesoldaten. Der subordinierte Beamte erwartet im Sinne des Staatsmottos „suum cuique" von seinem Staat alles, auch die Beförderung. Befördert wird statt seiner der inzwischen arrivierte Akademiker Obermüller, dem der militärische Aufstieg Instrument seiner bürgerlichen Karriere und der auf ihn projizierten Karrieresucht seiner dominanten

Frau ist. Als die Uniform am Schluß der Szene doch noch im Schlafzimmer des Bürgermeister-Ehepaares eintrifft, weiß man, daß Obermüller das Kaisermanöver nicht aus militaristischer Überzeugung absolvieren, sondern den Soldaten nur mimen wird. Die alte Uniform wird aufgespart und endet schließlich auf dem echten Maskenball. Hoprechts Frau dagegen hat den Feldherrnsäbel umsonst geputzt; er muß wieder im Schrank verschwinden. Auch in der Behandlung des Requisits stehen Figuren und Szenen in Kontrast.

Die Situation, die Voigt in Potsdam dreimal durchlebt hatte, wird in der *elften Szene* ein letztes und endgültiges Mal durchgespielt. Voigt steht bei diesem Versuch, legal einen Paß zu ergattern, wieder draußen vor der Tür. Zugespitzt hat sich die Situation nur dadurch, daß ihm erst gar kein Einlaß gewährt wird. Voigt bleibt nur übrig, durchs Schlüsselloch in das Allerheiligste der Amtsstube zu blicken: eine letzte Pantomime der Ausweglosigkeit.

Das Schicksal der Ausweisung *(zwölfte Szene)* reißt Voigt aus dem umhegten Raum der Familie und widerlegt das Rechtsvertrauen des Schwagers. Deshalb finden die beiden Außenseiter, das todkranke Mädchen und Voigt, in diesem Schicksalsmoment zusammen. Das Mädchen erhofft sich von ihm die Sinngebung für sein Elend, die Voigt aber nur in Form des Märchens von den Bremer Stadtmusikanten leisten kann. Die vierzehnte Szene wird zeigen, daß die Märchenutopie von der Freiheit jenseits der Sieben Berge nur für Voigt und kein anderes Opfer dieser Gesellschaft konkret werden kann.

Kontrastierend wieder greift die *dreizehnte Szene* auf die zehnte zurück und läßt die feinbürgerliche Gesellschaft sich selber feiern. Kommerz (Wormser) und Militär (Schleinitz, Keßler) begehen den Abschluß des Kaisermanövers und begießen in wörtlichem Sinne ihre staatstragende Allianz. Wormser hat das Souper arrangiert, und er arrangiert auch, daß seine Tochter mit dem sprechenden Namen Auguste Viktoria in die adlige Gesellschaft eingeführt wird. In die Uniform verkleidet, singt sie ein schlüpfriges Couplet. Durch die Verkleidung enthüllt die Uniform ihr Wesen, Theater auf niedrigstem Niveau zu spielen. In schriller Dissonanz zur verhaltenen Unmittelbarkeit der Märchenszene ist hier alles falsch und veräußerlicht.

In der „bürgerlichen Wohnstube" dagegen scheint sich die tragische Katastrophe anzubahnen. Voigt hat das Mädchen und seine Märchensehnsüchte begraben, Hoprecht ist nicht befördert worden, Voigt hat auf dem Rückweg vom Friedhof ein Erweckungserlebnis gehabt, das ihn mit der Sinnleere seiner Existenz konfrontierte. Vor Gott gestellt und gefragt „wat haste jemacht mit dein Leben?" (91), weiß er nicht zu antworten. Dadurch gewinnt die Selbstbefreiung eine religiöse Dimension: Sie soll sein Leben rückwirkend rechtfertigen, und sie soll die „Weltordnung" rechtfertigen. Das Dialogduell zwischen den Schwägern um Recht und Gerechtigkeit gewinnt dadurch an Schärfe und an ideeller Bedeutung für das ganze Stück. Voigt setzt die elementaren Menschenrechte gegen die Staatstreue Hoprechts; seine Tat soll dem Nachweis dienen, daß Recht und Freiheit sich auch gegen eine menschenunwürdige Ordnung behaupten können.

Der zweite Akt steht zentral. Mit der Ausweisung Voigts aus Rixdorf scheint die Ausweglosigkeit definitiv zu sein.

Die Zentralstellung verstärkt Zuckmayer durch symmetrisch geordnete Proportionen. Der Akt ist durch ein Ereignis zusammengebunden: das Kaisermanöver, mit dem alle auftretenden Figuren in irgendeiner Weise verknüpft sind. Reflexionsthema ist das problematische Verhältnis von Gesetz und Recht, Mensch und Menschenordnung. Die Abfolge der Szenen spiegelt die Zentralstellung dieses Problems, das ausschließlich in der „bürgerlichen Wohnstube" verhandelt wird: zweimal explizit in der Diskussion zwischen Voigt und Hoprecht, einmal implizit vor Augen geführt im Schicksal des Opfers Liesken. Eng verflochten machen zwei Szenen die Symmetrieachse aus: Voigts letzter Versuch, legal zu seinem Recht zu gelangen und der Empfang der Ausweisung in der folgenden Szene. Die elfte Szene vor dem Polizeibüro ruft noch einmal die Konstellation des „Stationendramas" aus dem ersten Akt in die Erinnerung. Die zwölfte Szene ist der Integrationspunkt und die Peripetie (der Umschlag der Handlung in ihr Gegenteil) nicht nur des zweiten Aktes, sondern des Dramas überhaupt. Die beiden Parallelfiguren Voigt und Liesken werden aufgrund dieser Position der Szene zu Kontrastfiguren: Liesken gehört als Opfer der gesellschaftlichen Verhältnisse ins Trauerspiel des Naturalismus, Voigt wird durch einen märchenhaften *salto mortale* ins Lustspiel gerettet, obwohl die Peripetie-

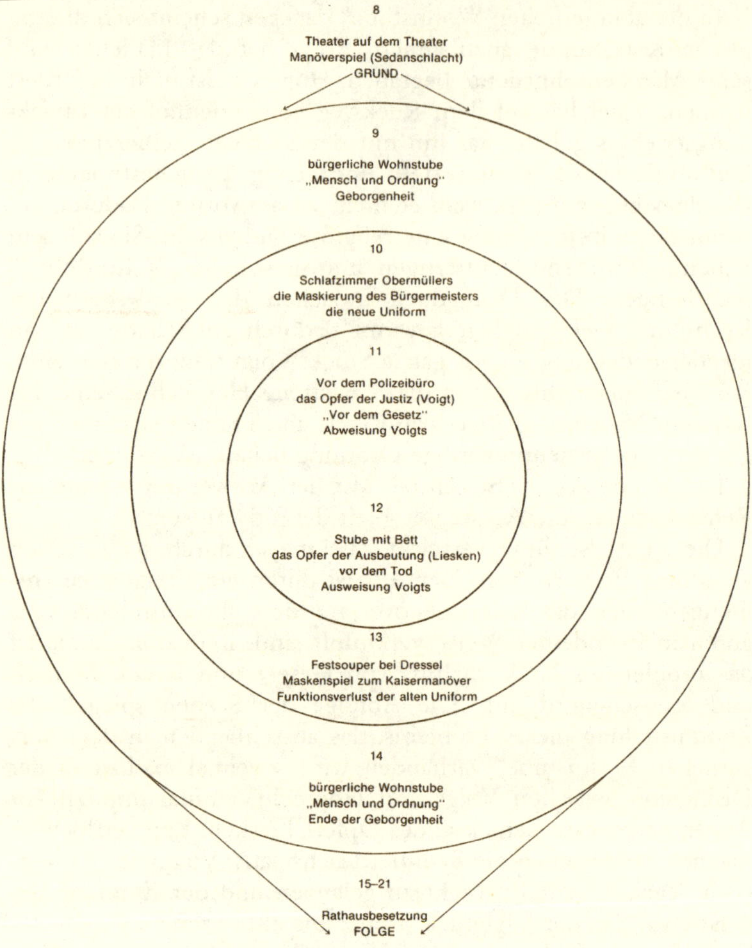

8

Theater auf dem Theater
Manöverspiel (Sedanschlacht)
GRUND

9

bürgerliche Wohnstube
„Mensch und Ordnung"
Geborgenheit

10

Schlafzimmer Obermüllers
die Maskierung des Bürgermeisters
die neue Uniform

11

Vor dem Polizeibüro
das Opfer der Justiz (Voigt)
„Vor dem Gesetz"
Abweisung Voigts

12

Stube mit Bett
das Opfer der Ausbeutung (Liesken)
vor dem Tod
Ausweisung Voigts

13

Festsouper bei Dressel
Maskenspiel zum Kaisermanöver
Funktionsverlust der alten Uniform

14

bürgerliche Wohnstube
„Mensch und Ordnung"
Ende der Geborgenheit

15–21

Rathausbesetzung
FOLGE

szene den Antagonismus von Held und Gesellschaft so zuspitzt,
daß nur noch das Trauerspiel möglich erscheint.

Um diese Kerngruppe der Szenen sind zwei konzentrische
Kreise geschlagen. Im ersten dieser Kreise (zehnte und dreizehnte Szene) wird das kleinbürgerliche Trauerspiel gerahmt von
der Farce, die die gutbürgerliche Gesellschaft aufführt: Einmal
steht Obermüller in Unterhosen auf der Bühne als lebendes Ex-

28

empel dafür, daß der Mensch ohne Uniform nichts ist, ein anderes Mal besudelt Familie Wormser den Fetisch und mißbraucht ihn, um Klamotte zu spielen.

Im zweiten Zirkel (neunte und vierzehnte Szene) werden Trauerspiel und Farce eingebettet in das – nach Zuckmayers Perspektive – einzig bewahrende und heile Element, die Familie. In diesem Rahmen ist die Gefährdung zwar nicht aufgehoben, aber er verbürgt doch Harmonie, auch wenn die im zweiten Akt noch nicht zu erkennen ist. Wie nirgends, steht in diesen Szenen das Wort „Mensch" im Zentrum. Das Humanum sollte in der natürlichen Gemeinschaft des Menschen geborgen sein.

Nur die erste Szene des zweiten Aktes scheint aus dem Rahmen zu fallen. Die Zuchthausszene sprengt die Symmetrie der Schauplätze und der Szenenthemen. Dramentechnisch aber ist sie kein Lückenbüßer, sondern verklammert den ersten und zweiten Akt, überbrückt den Zeitensprung über die zehn Jahre des Zuchthausaufenthaltes und komprimiert im Zeitraffer die verstreichende Zeit zur effektvollen Theatralik. Das wäre aber zu wenig, um die Szene zu legitimieren: Zuckmayer hätte gleich bei Voigts Familienbesuch einsetzen und den Gefängnisaufenthalt durch eine Retrospektive integrieren können. Die Szene ist Vorwegnahme des Endes und thematisch eng mit dem Thema des zweiten Aktes verbunden. Im symbolischen Augenblick, am vierzigsten Jahrestag des Sieges von Sedan, wird im Zuchthaus ebenso Manöver gespielt wie im ganzen zweiten Akt. Schon die Eröffnung des Aktes soll dokumentieren, daß diese Zeit, mit der Voigt zu kämpfen hat, eine Operettenzeit ist. Die Klamotte zu Beginn übertönt dauerhaft die Trauer, die im zweiten Akt laut wird. Sie nimmt Voigts Anpassung an die Operettenzeit im dritten Akt vorweg und verheißt ein glückliches Ende.

2.3
Handlungsverlauf und Aufbau des dritten Aktes: die slapstick comedy

Nun hat Zuckmayer mit den Schwierigkeiten zu kämpfen, die sich dem klassischen Dramatiker im vierten Akt stellen. Zuckmayer sucht sie durch Handlungsdynamik zu überspielen. Das Stück wird zum Ende hin seinem Eigengewicht überlassen, die

Dynamik aus dem historischen Ereignis gewonnen. Die Kompositionskraft läßt nach.

Notwendigerweise muß der Uniformkauf zu Beginn des dritten Aktes *(fünfzehnte Szene)* geschehen. Die Uniform ist, wie prophezeit, beim jüdischen Trödler geendet. Voigt erweckt sie zu neuem Leben, das aber ihr altes ist: ihr Spiel mit dem gesellschaftlichen Schein zu treiben. Die Verselbständigung der Uniform ist auf dem Höhepunkt angelangt: „Wenn die Uniform kennt allein spazierengehn, ohne daß einer drinsteckt – ich sag Ihnen, jeder Soldat wirdse grießen, so echt isse!" (93) In der gesellschaftlichen Wirklichkeit, die Zuckmayer schildert, finden wieder zwei „randständige" Figuren zusammen, von denen die eine, der Jude, dem anderen, dem Kriminellen, das Instrument der Macht vermittelt. In diesem außergesellschaftlichen Bereich gilt der Schein nichts. Der eine Außenseiter durchschaut die kriminellen Absichten des anderen, praktiziert aber die Solidarität des Schweigens.

Danach geht alles seinen Gang (vgl. 65). Voigt beobachtet das Verhalten preußischer Offiziere im Park von Sanssouci, saugt die militaristische Atmosphäre ein. Diese *sechzehnte Szene* spiegelt die eigentliche Metamorphose: Sie ist ein atmosphärisches, nicht greifbares und unerklärliches Ereignis, das nur aus der Verinnerlichung des Militarismus Gestalt werden kann. Der äußere Gestaltwandel vollzieht sich am bezeichnenden Ort, auf dem Pissoir, und die Probe aufs Exempel zeigt, daß die Zeugen der Verführungskraft der Metamorphose erliegen und strammstehen *(siebzehnte Szene)*. Die *achtzehnte Szene* bereitet das Scheitern im Gelingen des Coups vor: In zwei parallelen Szenenfragmenten wird das Labyrinth der preußischen Ämterordnung ein letztes Mal demonstriert. Voigt, dieses Omen steht fest, wird sein Ziel nicht erreichen, weil das Paßamt aus dem Bürgermeisteramt ins Landratsamt ausgesiedelt ist: Strenggenommen gelingt der Coup *(neunzehnte Szene)* nicht; die Voraussetzungen, die Voigt gemacht hat, erweisen sich als falsch. Obermüller fügt sich nach wenigem Widerstreben, der Stadtkämmerer liefert die Kasse aus, Frau Obermüllers Versuche, gesunden Menschenverstand gegen die militärische Logik zu setzen und die Legitimation des falschen Hauptmanns zu erforschen, scheitern an der Passivität des Ehemannes und der Verselbständigung des militärischen Reglements. Nach vollbrachter Tat kehrt Voigt in seinen ursprünglichen Zustand zurück. Was er in der ersten Szene war, ist er auch in der *zwan-zigsten Szene,* nachdem er die Uniform abgelegt hat: eine „Leiche auf Urlaub" in der gesellschaftlichen Unterwelt. „Wie ein Toter" (116) erfährt er – wieder ein Botenbericht vom Scheitern –, daß er sein Ziel verfehlt hat, nunmehr offiziell.

Das glückliche Ende *(einundzwanzigste Szene)* ist nicht Voigts Verdienst, wenn es auch aus Voigts Vertrauen auf eine harmonische Weltordnung und dem Willen, sein Schicksal in die Hand zu nehmen, resultiert. Voigt stellt sich selbst, weil er die Kasse, nicht aber den Paß gewonnen hat, der seinem Lebensabend den Schein der Ordnung gewähren soll. Nur weil es hinterm unmenschlichen Gesetz doch noch eine höhere Ordnungsmacht als die der kaiserlichen Beamten gibt, wird Voigt gerettet. So löst sich alles in einem homerischen Gelächter, weil die Vertreter des Systems geruhen, den Abweichler zu integrieren, da er die Möglichkeiten des Systems zu seinem Heil genutzt hat. Ihre Majestät selbst haben „gelacht" (121).

2.4
Formen der Komposition

Die Aktgliederung. Das äußere Bild der dem Stück vorangestellten „Szenenfolge" (6) verspricht eine straffe Gliederung. Das Gliederungsschema (drei mal sieben Szenen) billigt dem Untertitel (*ein deutsches Märchen*) strukturbildende Funktion zu. Durch die Zahlenmystik schon läßt Zuckmayer erkennen, daß er den Gesamtrahmen der Handlung als Märchen verstanden wissen will. Die Siebenzahl des Märchens füllt die drei Akte. Umgekehrt ist in der Siebenzahl der Szenen die Drei aufgehoben. So im ersten Akt: Drei sind die Leidensstationen Voigts, dreimal steht er vor den Schranken, dreimal scheitert er, dreimal wird die Uniform anprobiert, in drei Stationen läuft auch Schlettows Schicksal ab, dreimal wird die Uniform „degradiert" (durch Schlettows Verhaftungsversuch, durch den betrunkenen Grenadier, durch den Deserteur). Die Drei bestimmt das Baugesetz des Märchens,[21] das Zuckmayer im ersten Akt am konsequentesten durchhält. Dem Zauber der Uniform entspricht der Zauber der Struktur.

Die Akteinteilung ist konsequent durchgeführt: Der erste Akt zeigt den scheiternden Voigt, der am Ende zu kriminellen Mitteln greift, um seine ausweglose Situation zu meistern. Er ist also als ganzer breit angelegte Exposition, Vorgeschichte, die Voigts Geniestreich motivieren will. Der zweite Akt erst schürzt den Knoten, zeigt wiederholend und zuspitzend die Auswegslosigkeit, das Wachsen des Plans und bereitet alles vor, um Voigt und die Uniform zusammenzubringen. Er erfüllt also die Funktion der Epitasis, die den Bogen zum Höhepunkt der Spannung schlägt. Der dritte Akt umfaßt in triadischer Gliederung die konkrete Vorbereitung des Plans, Ausführung und Scheitern sowie die Lustspielkatastrophe. Mit dem Dreischritt der dramatischen Entwicklung: Exposition (Protasis), Epitasis, Katastrophe (Lysis) übernimmt Zuckmayer eine „klassische" Form, die schon in der Spätantike entworfen, vor allem im romanischen Sprachbereich praktiziert und in der Komödie vor allem von Cervantes verwandt wurde.[22]

Zuckmayer hat in seinen Stücken die Dreiaktigkeit bevorzugt. Sie zwingt zur Überschaubarkeit der Konzeption und birgt nicht die Kompositionsprobleme des Fünfakters. Vor allem bietet sich die Struktur zu „dialektischem" Verfahren an. So undialektisch Zuckmayer sonst denken mag, im *Hauptmann von Köpenick* ist ja die Grundidee eine dialektische: Erst dadurch, daß die beiden antithetischen Haupt„figuren", Voigt und die Uniform, zusammenfinden, ist eine Lösung des Konfliktes möglich. Schematisch betrachtet, gehorcht die Reihe der Akte dem Gesetz der dialektischen Entwicklung von These, Antithese und Synthese. These und Antithese sind aber nicht auf zwei Akte verteilt, sondern werden in enger Verflechtung parallel eingeführt. Im dritten Akt verbünden sich Protagonist und Antagonist. So wird es möglich, innerhalb des triadischen Ablaufs selbst dialektisch zu verfahren. Auch dann, wenn Voigt ins Zentrum rückt, ist die Uniform nicht vergessen, und umgekehrt. Von der ersten bis zur letzten Szene konzentriert sich das dialektische Spiel um die alte Frage nach dem Verhältnis von Schein und Sein. Der Entwicklungsbogen des Stückes bezieht seine Gespanntheit allein aus der Frage, wie es dem Geächteten gelingt, sich den Schein zu verschaffen, mit dessen Hilfe er das werden kann, was er von Natur aus ist, aber nicht sein darf: der Bürger, der Heimatverbundene, der Vaterlandsliebende. Deshalb rundet sich die „Szenenfolge" ebenfalls dialektisch: Am Anfang steht der Uniformladen, in den Voigt eindringen will, aber nicht darf; am Ende steht Voigt da in Uniform, von der Gesellschaft umringt, die ihn ausgestoßen hatte, und darf lachen, weil er als einziger die Unvereinbarkeit von Sein und Schein durchschaut. Alle sind darauf hereingefallen, *daß* der Außenseiter sich eine Uniform umtat und als Hauptmann erschien, aber nur er weiß, *wie* die Versöhnung des Unversöhnlichen geschehen konnte. Daß das geschehen konnte, ist ein Märchen.

Die Dominanz der Szene.[23] Obwohl die dramatische Handlung auf ein Ziel ausgerichtet ist und die Akte als Gliederungseinheiten den Prozeß zum Ziel hin deutlich akzentuieren, hat die Handlung, nimmt man das Furioso des dritten Aktes aus, die Tendenz zum Verweilen, zum Statischen. Zuckmayer läßt sich Zeit; er ist ein detailverliebter Schriftsteller.

Nicht der Akt, sondern die Szene dominiert. Deshalb sind die Szenen über die Akteinteilung hinweg durchgezählt. Bei aller Kontinuität ist die Szene eine in sich geschlossene Einheit. Sie setzt stets neu, am anderen Ort, mit anderem Personal und mit eigener „Exposition" ein. Sie entfaltet die neue Situation, entwickelt den klar gegliederten Dialog und endet meistens pointiert, in einem mit besonderem Nachdruck gesprochenen Satz, mit einer ironischen Sentenz, mit einem bedeutungsschweren Zitat. Selten wird – wie in der achten Szene – während der Handlung ausgeblendet, bevor der Dialog ans Ende gebracht ist.

Der Vorhang hebt sich oft über einer Konstellation von Requisiten und Akteuren, die bildhafte Aussagekraft hat. Zuckmayer hat nicht nur die siebzehnte Szene nach einer Bildsequenz gestaltet, er hängt nicht nur bedeutungstragende Bilder in seine Räume – vor allem das Bild des Kaisers –, sondern gestaltet die Szene selbst als Bild. Beispielhaft für dieses Verfahren ist die Lustspieleröffnung. Der Vorhang hebt sich und gibt einen Uniformladen frei, der überhäuft ist mit den Symbolen des Militarismus: Der „Laden" steht für die gesamtgesellschaftliche Situation. Alles dreht sich um eins, die Uniform. ‚Symbolisch' arrangiert hängen die kompletten Offiziersuniformen „auf Holzpuppen ohne Kopf" (7). Arrangiert nicht weniger ist die Konfiguration, die Personenkonstellation, die der Zuschauer zuerst erblickt: Der verwachsene Wabschke auf dem Schemel hält die Uniform, in die der Hauptmann sich hineinzwängt. Optisch schon wird klar: Was sich da zwischen dem Faktotum und dem Hauptmann befindet, steht im Zentrum der Szene und des Stücks. Klar wird zweitens, daß sich um die Uniform herum zwei gesellschaftlich gegliederte Figurentypen gruppieren: der Vertreter des Militärs und der gesellschaftlich Behinderte, der *outsider*. Am ersten Bild läßt sich drittens abschauen, daß der eine die Uniform nur anlegen kann, weil ihm der andere hineinhilft. Das gesellschaftliche Kräfteverhältnis zwischen dem Dienstleistenden und dem bedienten Uniformträger ist augenfällig. Das Stück strebt zu dem Augenblick hin, in dem sich dieses Verhältnis umkehrt. Das Bild enthält ohne Sprache die Herr-Knechts-Dialektik Hegels: Der Herr kann ohne den Knecht und seine Anerkennung nicht sein, der Knecht erlernt beim Herrn, wie einer Herr werden kann, und nutzt dies Wissen aus. Viertens mußte das Stück beim Schneider beginnen – so meinte schon Diebold in seiner Uraufführungskritik[24] –, weil der das System des gesellschaftlichen Scheins stabilisiert und dafür sorgt, daß Kleider Leute machen. Fünftens zeigt unsere zum Bild konzentrierte Gruppe durch ihr Gehabe, daß hier etwas faul ist. Die Uniform „paßt nicht", sie ist dem Träger nicht auf den Leib geschneidert. „Son komisches Jefiehl" (7) stellt sich bei Schlettow und beim Zuschauer ein, da Äußeres und Inneres nicht zueinander passen.

Ähnlich verfährt Zuckmayer in der fünften Szene. Dort steht der entlassene Schlettow in „Hosen, Gürtel und Hemd", seiner Uniform entkleidet, vor den Schlachtbildern und Militärfotos der ruhmreichen eigenen und der preußischen Vergangenheit. In gleichen Situationen lernt der Zuschauer auch den zweiten Träger der Uniform, Obermüller, kennen: vor dem Spiegel bei der Anprobe der Uniform (siebte Szene) und in Unterkleidung (zehnte Szene), im „natürlichen" Zustand des Seins und im verkleideten des Scheins. Gleiche bildhafte Qualität eignet dann vor allem der Ursituation Voigts, „draußen" zu stehen.

Der Akt reiht Bilder, die durch die Szene kommentiert werden. Der Szenenaufbau, die Figurenkonstellation, die Requisiten sprechen durch sich, und die gewechselten Worte sind nur Wechselgeld auf diese Einrichtung, eine Unterschrift zu einem aussagekräftigen Bild. Darin bestätigt sich, daß der Schriftsteller dem Moritatensänger verwandt ist. Er zeigt mit dem didaktischen Zeigestock auf das Bild und erläutert es. Schon in dem Volksstück *Schinderhannes* ist Zuckmayers Szenengestaltung von einer Moritat ausgegangen.

Die Urszene. Der „Einfall", so Zuckmayer in einem Werkstattgespräch mit Horst Bienek, sei das Zentrale bei der Konzeption eines Stückes, der Rest sei Arbeit, „Steigerung der produktiven Fähigkeit durch Konzentration"[25]. Dieser Einfall bestehe in der Fabel, die das A und O jeder Dramatik ausmache:

> „Stücke ohne Fabel, die können durch Theatertricks oder Wortspiele, oder durch sonstige artistische Effekte vorübergehend fesseln, aber sie haben keinen Bestand, weil keine Gleichniskraft enthalten ist. Die hat nur die Fabel".[26]

Der Einfall scheint plastisch vor seinen Augen gestanden zu haben. Deshalb ist er auch fähig, ohne ein Wort zu Papier gebracht zu haben, sein imaginiertes Stück vor den Augen Max Reinhardts zu extemporieren.

Dieser Einfall scheint in der ewig gleichen Grundkonstellation zu liegen, die den ausgeschlossenen Voigt zeigt. Die Geste Voigts vor dem Polizeirevier (elfte Szene) komprimiert alle vergeblichen Bemühungen Voigts im ersten und zweiten Akt: Vor dem Recht, das Voigt für sich fordern will, steht ein Türhüter.[27] In der elften Szene schafft Zuckmayer zu dieser Situation Voigts eine Doublette. Bevor der Held auf der Bühne ist, muß ein „Mann" – seine Namenlosigkeit zeigt, daß er für viele steht – vorspielen, was Voigt ihm nachspielt, und mit ihm jeder, der draußen vor der Tür sitzt. „Sie kommen dran, wennse dran sind": Mit dieser Tautologie des Autoritären weist Zuckmayers Türhüter, der ebenfalls namenlose Polizist, dem Namenlosen den Platz vor dem Zimmer an. Damit auch niemand das Zimmer unbefugterweise von innen zu sehen bekommt, stellt sich der Polizist vor die Tür und herrscht den Einlaß Begehrenden an: „Setzense sich hin!" (70). Fünfmal wiederholt der Türsteher dies magische Wort, das dem „Mann" den Eintritt verweigert, insgesamt ergeht die Aufforderung siebenmal. Der Bannkreis um das „Zimmer" ist damit symbolisch geschlossen. Im subalternen Polizisten ist das System des Bürokratismus inkarniert. Der Dienst des Beamten schlägt ins Gegenteil um: Er ist ein negativer, verhindernder und Dienst im eigentlichen Sinne nur im Schutz und in der Erhaltung der Herrschaftsgewalt. Im Anblick des Leutnants mit der „Adjutanten-

schärpe" weicht der untere Türhüter dem höheren: „Det isn Rad-
fahrer (...)! Nach unten tritt er – und nach oben macht er'n Puk-
kel." (72) Voigt bricht mit seinem „zu spät", dem Wortmotiv, das
alle seine Versuche begleitet, auf der Bank vor dem Gesetz zusammen.

Durch die Iteration dieser archetypischen Szene (zweite, vierte,
neunzehnte Szene) gewinnt der Einfall an gleichnishafter Qualität. In ihrer Plastizität und Präzision zeigt sie im Einzelfall das
Schicksal der Stiefkinder des Glücks. Diese Parabel von der Ausweglosigkeit prägt die beiden ersten Akte. Gälte sie für alle Akte,
dann wäre Zuckmayers Komödie zum Trauerspiel vom deutschen Obrigkeitsstaat ausgewachsen.

Symmetrie. Obwohl der Einfall der Einzelszene dominiert, zer-
fallen die Akte nicht zum Szenenhaufen. Es herrscht Ordnung in
Zuckmayers Welt, auch in der Form. Besonders in den ersten
Akten formt Zuckmayer nach geometrischen Ordnungsfiguren
und erzielt Proportion durch Symmetrie und Parallelität. Nicht
nur das Verweisungssystem der Szenen untereinander konturiert,
macht überschaubar und bindet das Vereinzelte zusammen; auch
die Zentralszenen sind in sich nach dem Prinzip der Analogie
symmetrisch angelegt. Ich wähle als Beispiel die zwölfte Szene.

Sie ist deutlich in sechs Segmente gegliedert: Die Segment-
grenzen sind durch Themawechsel, Botenauftritt und das jewei-
lige Erklingen der Hofmusik gekennzeichnet:

1. das Lied der Hofsänger: „Schön ist die Jugendzeit"
2. die spielerische Predigt Voigts: Nachahmung der Hofsänger
3. Voigts Erzählung vom Riesengebirge: Märchen vom gesell-
   schaftsfreien Glück   .
4. das zweite Lied der Hofsänger: „Puppchen, du bist mein Au-
   genstern"
5. der Empfang der Ausweisung: Verheimlichung ihrer Bedeutung vor dem Mädchen
6. Voigts Lektüre aus den „Bremer Stadtmusikanten": das Märchen von der Flucht in die Freiheit

Es besteht ein Wechselspiel zwischen Außenraum und Innen-
raum. Durch das zweite Lied ist die Szene mit einer Mittelachse
versehen. Aufgrund der Personenkonstellation und der Integration nichtdramatischer, „lyrischer" Elemente ergibt sich diese
parallelistische Struktur:

1. Schlager	2. Spiel im Spiel	3. Märchen
a) 1. Schlager der „Hofraben" „Schön ist die Jugend, sie kommt nicht mehr" Bezug: Tod des Mädchens; Voigts Erfolg beim Kaiser	a) Gespielte Predigt Voigts: Imitation der Hofraben Bezug: Tod des Mädchens; Voigts Schauspielkunst am Ende	a) Voigts Erzählung vom Riesengebirge; das Jenseits hinter den Bergen Bezug: Tod des Mädchens; Voigts Triumph
b) 2. Schlager der Hofsänger: Versprechen von Liebe und Glück Bezug: Voigt und das Mädchen	b) Empfang der Ausweisung: Dissimulation ihrer Bedeutung Bezug: Täuschung des Mädchens; Voigts bürgerlicher Tod	b) Märchen von den Stadtmusikanten: Flucht in die Freiheit und Tod Bezug: Voigt und das Mädchen

Je zweimal wird ein banaler Schlager vom Glück gesungen, je zweimal spielt Voigt selbst schauspielerische Qualitäten aus, um über die Präsenz des Todes hinwegzutäuschen, je zweimal wird ein Märchen integriert, dessen Versprechungen vor der Wirklichkeit keinen Bestand haben. Nur die fünfte Einheit (Voigt empfängt die Ausweisung) kennt keine Integration nichtdramatischer Elemente: „Die Hofmusik hört auf." Als schicksalsentscheidende steht sie für sich. Trotzdem ist auch dieses zweite Handlungspartikel in der zweiten Dialogreihe eingebunden und parallelgesetzt zum zweiten Segment der ersten Dialogreihe: Dort simuliert Voigt die Hofsänger in einer gestellten Szene, hier dissimuliert er, was tatsächlich geschehen ist, und überspielt die daraus resultierende existentielle Erschütterung. Jedes Segment hat, für sich genommen, eine eigene Vorausdeutungsfunktion. Beide Variationsreihen haben nur ein Thema: das von der Flucht aus dem unerträglichen gesellschaftlichen Zustand. In der Vertikalgliederung geschieht diese Variation in drei literarischen Formen: durch den Schlager, das Theaterspiel auf dem Theater und das Märchen. Die Szene rundet sich symmetrisch, weil Schlager und Märchen die gleiche strukturellen Bedeutungen haben; sie haben Vertröstungs- und Kompensationsfunktion.

Kontrast. Den Kontrast hat Zuckmayer in die Symmetrie integriert. Jedes Segment des Dialogs stellt einen Bezug zu den beiden Kontrastfiguren her. Wenn die Hofraben den larmoyanten Schlager auf die schöne Jugendzeit singen, ist der Bezug übereindeutig: „ Sie kommt nicht mehr." Natürlich sind die Hofraben Totenvögel. Ihr Gesang vom Glück kontrastiert zum langsamen Verlöschen des lungenkranken Mädchens.[28] Voigt dagegen nutzt die semantische Doppeldeutigkeit des Wortes „Hof" und spielt die Szene ins Märchenhafte hinüber: „Die singen bei Hof, weißte, und denn wirft der Kaiser 'n Groschen runter, damit se wieder aufhören." (73) Das einzelne Segment hat also eine ambivalente Funktion, je nach der Perspektive, die die Figur einnimmt: Für das Mädchen gilt die erste, für Voigt die zweite. Er wird bei Hof singen, er wird durch seinen Coup den Kaiser lachen machen und den Groschen der Gnade empfangen.

Die sentimentalen Vorausdeutungen werden aber sogleich wieder relativiert. Voigt schließt die Fenster und imitiert die Bettelansprache der Hofsänger. Der Hofsänger Voigt – des Wortes Doppelsinn hat ihn geadelt – dokumentiert eine Schauspielkunst, die es ihm ermöglichen wird, den adligen Offizier zu imitieren: „Hochvaehrte Damen und Herren – wir, die wir auf Jesanges Flügeln durch die Lande ziehn – wir sind den Vögeln des Himmels zu vajleichen, von denen schon in de Bibel steht: Sie säen nich, sie ernten nich, aber ne trockene Schrippe ernähret sie doch." (74) Er zitiert nicht nur die Bibel, sondern auch den sprichwörtlich gewordenen Heine. Das Gleichnis von den Vögeln des Himmels (Mt. 6, 26 ff.), die nicht säen und nicht ernten und doch vom Vater ernährt werden, gilt ebenso für die Hofsänger wie für Voigt. Zugleich aber ist im Zitat ein Bezug zum Ende des Mädchens verborgen; denn Heines „Auf Flügeln des Gesanges" spricht ironisch vom Elysium und vom Liebestod.[29]

Zum dritten wird dies märchenhafte Totenlied von Voigt in

der Beschreibung des Riesengebirges variiert: „Da biste frei" (43), schwärmte Voigt schon vor zehn Jahren seinem Kollegen Kalle in der „Herberge zur Heimat" vor. Jenseitsvorstellungen verschiedenster Art und Herkunft fließen im Bild vom „Riesengebirge" zusammen. Für beide, für Voigt wie für det Liesken, scheint es eine Erlösung jenseits der Berge nicht zu geben. Erst im Kontrastsegment ‚entscheidet' sich das Schicksal Voigts und das Lieskens bei der Lektüre des Märchens von den Stadtmusikanten: „‚Komm mit', sagte der Hahn, ‚etwas Besseres als den Tod werden wir überall finden'." (78) Für das Mädchen gilt das Wort vom „Tod", für Voigt das vom „besseren" Zustand.

Durch die Integration des Kontrastes gelingt es Zuckmayer, in dem Gelingen Voigts das tragische Schicksal des Mädchens im Augenblick der Peripetie aufzuheben. Das Mädchen erleidet ein Ende, das Voigt nachleben müßte, wenn er nicht ein märchenhafter Glücksfall wäre. Das muß gegen die eingewandt werden, die diese Achsenszene wegen ihrer Rührseligkeit geschmäht haben.[30]

Die Verflechtung der Handlungsstränge. Zuckmayer hätte auf das Schicksal Lieskens nicht verzichten dürfen. Gleiches gilt für das Schicksal Schlettows. Es sieht zunächst so aus, als wolle Zuckmayer, wie es im offenen Drama der Brauch war, verschiedene Handlungsbögen zu einem Ensemble vereinigen. Tatsächlich aber ist alles konzentriert auf die Hauptfigur. Die Schicksale, die in deren Weg einbezogen sind, dienen nur dem dominanten Handlungsstrang, wenn auch auf verschiedene Weise. Lieskens Schicksal ist funktional nicht notwendig, steht aber für das Schicksal einer gesellschaftlichen Gruppe, von der sich Voigt löst. Der Handlungsstrang des Privatschicksals Wilhelm Voigts wird also unterlegt von einer Folie, einem Kollektivstrang, der von der gesellschaftlichen Gruppe ausgefüllt wird, aus der das Einzelschicksal herausragt.

Anders steht es mit dem Geschehen um von Schlettow. Es nimmt im ersten Akt gleichwertigen Handlungsraum ein wie das Geschehen um Voigt. Es spiegelt das Ende des Mädchens auf anderer gesellschaftlicher Ebene. Es scheitert nicht nur der sozial Unterprivilegierte, Opfer ist die gesamte Gesellschaft. Schlettows, des Uniformträgers, Schicksal ist deshalb nicht nur kontrastierend zum Aufstieg Voigts einbezogen, sondern eng mit diesem Aufstieg verflochten. Der Abstieg ist die Bedingung des Aufstiegs. Die Handlungsstränge sind nicht bloß komplementär auf verschiedenen sozialen Ebenen angelegt, sondern verbinden sich aufgrund der Handlungskausalität. Die Uniform, die Schlettow auszieht, zieht Voigt zehn Jahre später an und führt sie zum Sieg. In den konkurrierenden Linien ihrer Lebensläufe enthüllt sich die Universalität des gesellschaftlichen Scheins.

Zu wissen, daß Zuckmayer das Scheitern des Mädchens und Schlettows in die Komödie aufgehoben hat, ist kein rein formales Ergebnis. Dieses Strukturkonzept ist die Folge metaphysischer Überzeugungen des Autors. Als ganze ist die Welt „rund", geordnet in einer umfassenden Symmetrie und Harmonie:

> „Es kommt *auch* auf Dich an. Auf Dich, aufs Ich, nicht als isoliertes Zentrum, in die Irrenzellen der Selbstumkreisung gebannt, – auch nicht als namenlosen Bestandteil einer Quantität – sondern als ganze runde Welt, einmaliges organisches Wesen, einbezogen ins vieltönige, orchestrale Koordinatensystem des Irdischen und des Außerirdischen, Geschöpflichen und Schöpferischen, Göttlichen und Menschlichen. Es kommt auf Dich an, – in Deiner Gegenwart, die unsre einzig erfahrbare Größe, in der Zeit und im Raum, darstellt, und unsern einzigen Weg zu einer überzeitlichen Einheit".[31]

Auch das Leiden hat in diesem umfassenden Zusammenhang sein Recht und seinen Ort. Gesellschaftliches Versagen widerlegt nicht die Güte der Schöpfung. Diese erweist sich nicht an der jeweiligen Quantität des Glücks oder des Unglücks, sondern an der Qualität des ordnenden Koordinatensystems. Der einzelne kann zum Träger der Weltordnung werden, mag auch eine ganze Gesellschaft die wahre Ordnung verfehlen.

3
Die Personen

3.1
Das zentrale Ich

Zuckmayer stellt einen Kriminellen auf die Bühne, wie es im
deutschen Lustspiel vom *Zerbrochenen Krug* bis zum *Biberpelz*
keine Seltenheit ist.[32] Mehr aber als Kleist seinen Dorfrichter
Adam und Hauptmann seine Mutter Wolffen entlastet Zuckmayer seine Hauptfigur. Nach den juristischen Konventionen seiner Zeit ist Voigt ein Schwerverbrecher, und trotzdem vermag es
Zuckmayer, die Sympathie des Zuschauers auf ihn zu lenken.
Diese Umwertung macht Zuckmayer plausibel, indem er den
Verbrecher seine eigene Moral vertreten läßt. Es gibt keine Situation, in der sich Voigt einen Fehler zuschulden kommen lassen
würde; im Gegenteil: Er wendet seinen moralischen Anspruch
gegen die Vertreter der offiziellen Moral. Der Verbrecher wird
zum Moralvertreter, weil die Moralvertreter zu Verbrechern geworden sind.

Zuckmayer ist Partei und wirkt durch seine Parteilichkeit di-
daktisch. Entlastet wird Voigt durch seine Vorgeschichte, die den
biographischen und gesellschaftlichen Kausalkomplex aufdecken
soll, durch den sich das Werden dieses „Verbrechers" erklären
und verstehen läßt. Wie die Naturalisten durchforscht Zuckmayer
eine Biographie nach ihren Bedingungen und den zureichenden
Gründen für ihre Genese. Das Urdelikt Voigts ist geringfügig
(„dreihundert Märker"), durch erotische Abhängigkeit motiviert
(„Ich bin da mit'n jungen Meedchen gegangen"), Jugend entschuldigt („na da war'ck n junger Dachs"), die Vorstellungen des
Jugendlichen von gesellschaftlicher Gerechtigkeit sind natürlich-
naiv („Ick dachte, det spürense da jarnich, bei son großen Be-
trieb"), die Justiz bestraft gleich das Initialdelikt mit voller Härte
(„det is doch'n bisken ville forn junges Blut") und läßt im Verein
mit der gesamtgesellschaftlichen Ordnung – das ist das Entscheidende – keine Möglichkeit zur Rehabilitation („Wer einmal auf
die schiefe Bahn gerät –"). Voigts *captatio benevolentiae* („Ick will
mir auch jarnich entschuldigen, Herr Kommissär") ist auch zum
Zuschauer hin gesprochen (13 f.).

Voigts Existenzweise ist nicht nur entschuldigt, sondern mit den höchsten Werten der Zuckmayerschen Metaphysik ausgestattet.

Es sind einfach, unpathetisch formulierte Werte, die zum Kodex Voigts gehören. Voigts Moral ist konkret, an der eigenen Bedürfnissituation entwickelt, auf sie bezogen und ohne theoretische Begründung. Was er fordert, sind elementare Menschenrechte: das Recht auf Aufenthalt, d.h. für ihn das Recht auf Leben, das Recht auf Heimat und das Recht auf Arbeit. Die „natürliche" Moral, die er fordert, praktiziert er auch. In selbstverständlicher Solidarität steht er auf der Seite der Diskriminierten, Entrechteten und Leidenden. Weil er mitleidet, ist er auch selbst Gegenstand der Sym-pathie im ursprünglichen Sinne. Wenn seine Gegner vom Staat sprechen, meint er die Heimat, den Wurzel- und Nährboden menschlicher Existenz. Obwohl er in Böhmen und Ungarn Lebens- und Arbeitsrecht gefunden hatte, trieb es ihn nach „Deutschland" zurück: „Ick sage ja, det war dumm von mir. Aber ick habe mir heimjesehnt." (15) Der Begriff „Staat" ist für ihn abstrakt, nicht aber der der „Muttersprache" (15), des natürlichen, sinnlich-plastischen Ausdruckselements. Heimat wird dort zerstört, wo eine universale Bürokratie das Kreatürliche sich selbst entfremdet. Zuckmayer wollte den *Hauptmann von Köpenick* verstanden wissen als „Auflehnung des Menschlichen gegen eine Verschwörung der Bürokratie in der ganzen Welt".[33] Heimatverbundenheit gilt ihm als Existential des menschlichen Seins: „So wie er (der Mensch) seinen Körper, seinen Leib, die Merkmale seines Familienstandes, seiner Eltern, Voreltern trägt, so trägt er auch die seiner Heimat."[34] In seiner Heimat- und Naturverbundenheit ist Voigt eins mit dem ganzen „Koordinatensystem" der Schöpfung, organischer Bestandteil eines natürlichen Prozesses, der nach oben strebt: „De Erde, die is lebendig, det merkste daran, daß se sich vaändert. Und wat lebendig is, dat will rauf, dat will in de Höhe, dat will nach oben (...)" (75) Der Held hat alle natürlichen Qualitäten: „Er ist ehrlich, aufrichtig, offen, ja offenherzig, geduldig und friedliebend, höflich und respektvoll, pflichttreu und ordnungsverbunden, arbeitsam und mit Sinn für „natürliche" Hierarchie begabt, liebevoll und liebeshungrig. Er sieht, obwohl er kurzsichtig ist, mit dem Herzen gut.

Je mehr Zuckmayer Voigt aufwertet, um so mehr wertet er die Hüter des Rechts ab.[35] Diese umgekehrte Proportionalität wird begründet in der Unterscheidung von Legalität, staatlich sanktioniertem Gesetz, und Legitimität, natürlichem Recht. Weil Gesetz und Menschenrecht inkongruent sind, verstoßen die Vertreter des Rechts gegen das Recht, wenn sie den Buchstaben des Gesetzes exekutieren. Umgekehrt dient Voigt dem natürlichen Recht, wenn er durch seinen Streich das Gesetz des preußischen Staates verletzt. Aus dieser Paradoxie bezieht das Stück seine Effekte, die dadurch noch gesteigert ist, daß er gegen das Gesetz mit dem Mittel des Scheins ficht, das diese Gesellschaft selbst legalisiert hat.

Dem Volksstück ist auch im Zwanzigsten Jahrhundert noch eigentümlich, daß die Zentralfigur Held genannt werden darf. Held ist Voigt nicht einzig wegen seiner moralischen Dignität, sondern auch wegen der Konsequenz seines Handelns. Sieht es in den ersten beiden Akten zwar aus, als stagniere er, so ist doch die Ahnung vom Plan da. Die Stringenz, mit der Voigt den Plan ans Ziel bringt, hat etwas von der teleologischen Ausrichtung des klassischen Helden, der, mag er auch scheitern, seiner Idee zum Sieg verhilft. In der Auseinandersetzung um die menschenwürdige Rechtsordnung wächst Voigt über sich und seinen Volksstückcharakter hinaus. Er handelt nicht nur stringent, sondern hat dieses Handeln entworfen und ihm ideellen Sinn verliehen. Bei der Beerdigung Lieskens ist Voigt aufgegangen, daß seine Existenz und sein Handeln metaphysische Dimensionen haben: „Und denn, denn stehste vor Gott dem Vater (...) und der fragt dir ins Jesichte: Willem Voigt, wat haste jemacht mit dein Leben?" Ein letzter Prozeß wird um die universale Rechtsordnung des Seins, nicht um die irgendeines deutschen Staates geführt. In dieser Seinsordnung kommt es auch auf den einzelnen, Wilhelm Voigt, an. Kann er die nicht legitimieren, wird er auch in dieser Seinsordnung keine Aufenthaltsgenehmigung erhalten: „Det sagste vor Gott, Mensch. Aber der sagt zu dir: Jeh wech! sagt er! Ausweisung! sagt er! Dafür hab ick dir det Leben nich jeschenkt, sagt er! Det biste mir schuldig!" (91) Diese Seinsordnung stellt sich nicht von alleine her; jeder einzelne, auch ein Wilhelm Voigt, ist ihr etwas schuldig, muß teilnehmen an ihrer Verwirklichung. Daß der Mensch an der staatlichen Ordnung leidet, ist nicht die Schuld des lieben Gottes – so Zuckmayers Theodizeeargument –, sondern dessen, dem das Leben zur sinnvollen Gestaltung überlassen ist.

Beteiligt an dieser Herstellung der Seinsordnung, kann Voigt – wie alle Zuckmayer-Figuren – nicht zum Revolutionär werden. Dem autoritären Herrschaftssystem paßt er sich an. Wo die Autorität sich nicht bloß autoritär gibt, sondern menschliche Züge zeigt (so im Fall des Gefängnisdirektors), begegnet ihr Voigt mit gefügiger Hochachtung. Leutselig vereinen sich die Herrschenden und der Untertan am Ende. Nur wenn der Vertreter der Herrschaftsgewalt reine Funktion ist, wehrt Voigt sich mit den Mitteln der Sprache, entwaffnet den Gegner durch das Wort, nutzt den Freiheitsraum, den ihm die „Muttersprache" läßt. Voigt will keine inhumane Gesellschaftsordnung abschaffen; er bleibt ein Rebell, der nur deshalb die „Hose" wechselt, weil „de Nähte platzen". Die Hose hat „zum Glück" ein Loch, durch das er schlüpfen kann. Die „Weltordnung" des Gesellschaftssystems steht deshalb für ihn nicht in Frage: „det wär ne Dummheit" (92). Alles kann sich wenden, wenn der Fehler im System, das Loch in der Hose, entdeckt wird. „Unterordnen. Jewiß!" (89), heißt denn auch Voigts letztes Wort. Wer nicht an die „Weltordnung" (91) pocht, kann nicht tragisch scheitern.

Das anschauliche Bild der äußeren Erscheinung Voigts, das Zuckmayer beim ersten Auftritt zeichnet, ist also keine Disqualifizierung der Figur: „schmächtige Gestalt, mager und etwas gebückt, leicht angedeutete O-Beine, hohles Gesicht mit starken Backenknochen, grauer Schnurrbart, fahle Hautfarbe. Er trägt einen alten, aber nicht zerlumpten dunklen Anzug" (10). Dieses Bild ist des Kontrastes wegen da.[36] Graue, dunkle, fahle Farben am Anfang lassen den Glanz des bunten Rocks am Ende um so heller erstrahlen. Auch die äußere Gestalt ist zwar armselig, jedoch nicht „zerlumpt", sondern „in Ordnung". Schließlich hat Zuckmayer zumindest das äußere Bild genauestens dem Vorbild abkonterfeit.

3.2
Der historische und der fiktive Wilhelm Voigt

Die Unebenheiten in Geschichte und Figur des realen Wilhelm Voigt, die nicht ins Bild vom guten Verbrecher passen, gingen schon in der Sympathiewelle unter, die den Helden von Köpenick nach dem Erfolg überrollte. Dies ist auch die Perspektive Zuckmayers, die ihm zudem durch die Mitleidsdramaturgie des Naturalismus nahegelegt ist. Zuckmayer bestätigt, daß seine Quellen „Ausgaben der Voss(ischen) Zeitung von 1906 und Witzblätter aus der Zeit" gewesen seien. „Auch eine Kopie der Gerichtsakten, die aber nichts Anderes ergab"[37], setzt er hinzu und irrt.

Die Vorgeschichte Voigts wird gänzlich umstrukturiert und anders akzentuiert. In der oben (S. 41) angeführten, etwas flüchtigen, aber doch als Exposition bedeutsamen Retrospektive wird den Verhältnissen noch mehr Schuld aufgeladen, als sie so schon hatten. Der historische Voigt wird erst als Zweiundvierzigjähriger nach einer Serie von Vorstrafen wegen Diebstahls im Rückfall zu fünfzehn Jahren Zuchthaus verurteilt, Zuckmayers Voigt schon als „junger Dachs" und beim ersten lächerlich geringfügigen Delikt, so daß es scheinen muß, daß Voigt ein Opfer des brutalen Polizei- und Justizterrors ist. Der einmalige und unüberbietbare Justizskandal ersetzt die Eskalation der Delikte und der entsprechenden Strafen des historischen Voigt.

Zuckmayer eliminiert alle Charakterzüge, die gegen Voigt einnehmen könnten. Aus den Gerichtsakten und aus Voigts autobiographischen Zeugnissen tritt eher das Bild eines geschwätzigen, angeberischen, ja hetzerischen Hochstaplers hervor. Der genießt seinen Schelmenstreich in vollen Zügen, setzt sich in Szene, will bewundert werden, ist ganz Schauspieler. Ihm fehlt das Eulenspiegelhafte, das ihm Zuckmayer verliehen hat: Er ist nicht fähig, sich einen Spiegel vorzuhalten und Distanz zu sich selbst zu gewinnen. Autistisch kreist er um sich selbst und versucht, durch Beschuldigung der Komplizen von seinen eigenen Delikten abzulenken.

Der historische Voigt ist ein Militarist und Nationalist reinsten Wassers. Worte, wie sie Zuckmayers Voigt seinem Schwager entgegenhält („Erst der Mensch, Friedrich! Und dann de Menschenordnung!", 89), sind in seinem Munde undenkbar: Er würde den Vorrang des Menschen über die Menschenordnung gar nicht verstehen, weil er von Kindsbeinen an den Glanz der Ordnung als höhere Wirklichkeit zu verehren gelernt hat. Zwar ist auch der fiktive Voigt von der Bedeutung der Ordnung durchdrungen; der historische durchschaut aber nicht die Dialektik des Militarismus. Ins Glied zu treten ist sein Traumziel: „Da ich lebhaften Geistes war und mein Sinnen in die Ferne schweifte, so wünschte ich (da Bewohner der Binnenländer das Seeleben nicht kennen), bei der Marine einzutreten."[38]

Ob der historische Voigt verheiratet war und vier Kinder vorweisen konnte (wie er bei seiner Einvernahme behauptete), darf füglich angezweifelt werden. Heidelmeyer diagnostiziert sogar einen pathologischen Fall von Kontaktschwäche und Bindungsunfähigkeit. „Frauen waren in seinem Leben vielfach Objekt, niemals aber Subjekt seiner inneren und äußeren Beziehungen."[39] Zuckmayer isoliert Voigt zwar als Wanderer zwischen zwei Welten, als geschundene Kreatur in der Nachfolge Woyzecks; der ist aber nicht bindungsunfähig, sondern ungebunden aufgrund seiner Lebensumstände. Seine elementare Menschlichkeit zeigt er erst und gerade im Umgang mit anderen Menschen, auf die er hingeordnet ist, zu denen er hinstrebt und von denen er akzeptiert werden will.[40] Er gewinnt die Anerkennung und Zuwendung aller nicht-amtlichen Figuren, die die Bühne beleben.

Zuckmayer läßt seinen Voigt mit Heimat und Erde verwachsen sein. Die Heimat und ihre Geborgenheit zu gewinnen ist Zweck und Ziel seines ganzen Unternehmens. Auf der Walz ist er nur unter dem Druck des Polizeiterrors. Der reale Voigt dagegen ist wurzellos, weil Fernweh und Militär zusammen die Stelle einnehmen, die beim Bühnen-Voigt die Heimat einnimmt. Das Wanderpensum des realen Voigt ist enorm. Der Teufelskreis des fiktiven Voigt, ohne Arbeit keine Papiere und ohne Papiere keine Arbeit zu erhalten, hat sich um die historische Figur nicht in diesem fatalen Sinne geschlossen. Voigt hat 1906 in Wismar eine Arbeitsstelle gefunden, zieht ohne Not weiter nach Berlin, findet auch dort Arbeit und wird erst hier ausgewiesen.

Während Zuckmayers Wilhelm im Gefängnis das Exerzierreglement studiert, ist der andere ein Autodidakt in der Geschichtswissenschaft und in der schönen Literatur. Er interpretiert sich selbst nach Modellen der Literatur und der Geschichte:

> „Ich erinnere mich an den Großen Kurfürsten, der auch den Bürger-
> meister von Königsberg in der Nacht von seinen Trabanten aufheben
> und nach Brandenburg schaffen ließ, wo er, wenn ich nicht irre, 28
> Jahre in der Gefangenschaft verbringen mußte. Auch an die Ge-
> schichte des Michael Kohlhaas dachte ich, der vielleicht den bekann-
> testen Typ des Rechtsbrechers aus gekränktem Gerechtigkeitsgefühl
> darstellt". [41]

Der mit natürlichem Witz und Kreativität begabte Voigt des
Stückes verfügt über solche Selbstgefälligkeit nicht; wenn er Bil-
dungsgut zitiert, zitiert er die Bibel oder in den Volksmund Ab-
gesunkenes, das als Zitat zum Medium des Autors wird, der
durch es hindurch an den Zuschauer appelliert. Alles deutet darauf, daß der historische Voigt sich schon von der Konzeption seines Plans an als Rollenspieler verstand, als Operettenfigur in einer Operettenzeit. Wo der andere Voigt auch in Hauptmannsuniform immer noch zurückhaltend und bescheiden wirkt, nur das
Notwendigste tut, um sein Ziel zu erreichen, spielt dieser seine
neu gewonnene Rollenüberlegenheit aus. Er ist ganz Untertan
seines Kaisers, „gestattet" huldvoll und erledigt „vertretungs-
weise" auch noch Verwaltungsgeschäfte „stehenden Fußes".[42] Die
Motive des Komödien-Voigt sind existentieller Art, der wirkliche
nimmt solche zwar in seinen Vernehmungen und seinen Erinne-
rungen für sich in Anspruch; Tatbestand ist aber, daß sein erster
Weg im Köpenicker Rathaus nicht zum Paßbüro, sondern zur
Kasse führt. Nach der Verhaftung fehlen nicht die rührenden 83
Mark (vgl. 124), welcher Verlust lachend entschuldigt werden
kann, sondern 769,45 RM. Daß er seinen Paß nur im Landratsamt
erhalten kann, will ihm dann spontan eingefallen sein, als ihm ein
Militärpaß zur Einsicht vorgelegt wird. Zuckmayer dagegen hat
die Motivationslücke offensichtlich so schmerzlich empfunden,
daß er mit einer Doublette aufwarten zu müssen glaubt, um das
tragisch-ironische Schicksal seines Wilhelm zu illustrieren, der
auszieht, einen Paß zu suchen und eine Amtskasse findet. Er fügt
zwei Szenen ein, die plausibel machen sollen, daß auch ein cleve-
rer Hauptmann von Köpenick sich irren kann; die Szene der Wä-
scherin, die vergeblich einen Paß im Bürgermeisteramt beantragt
und ans Landratsamt verwiesen wird, und die Szene des Land-
wirts Wendrowitz, der die Gemeindeumsatzsteuer entrichten will,

sich aber im Lageplan der Verwaltung verirrt wie in „Nachbar Schmudickes Krautgarten" (105).

Auch das Nachspiel hat Zuckmayer revidiert. Voigt wird nicht aufgrund der Fähigkeiten des Polizeiapparats gefaßt, sondern durch Selbstanzeige. Um nochmals zu motivieren, daß Voigt den Paß wollte und nicht die Kasse, konstruiert Zuckmayer den grotesken Versuch, den Paß gegen die Selbstanzeige einzuhandeln. Der listenreiche historische Voigt ist stolz darauf, daß ihn die Polizeibehörde ohne die Hilfe eines „Judas" nicht gestellt hätte: Kallenberg, der Genosse seines Überfalls auf die Kasse von Wongrowitz, hat ihn denunziert. In Zuckmayers Unterwelt darf kein Judas sein, der die Harmonie des Ganzen aus dem Gleichgewicht bringen könnte.

3.3
Die Vertreter des Obrigkeitsstaates

Der Militarist aus Überzeugung. Jeder Held muß sich gegen einen Antagonisten behaupten. Voigts Gegenspieler ist aber als Person nicht greifbar, sondern ist der Militarismus selbst, oder im Bild: die Uniform. Alle Vertreter des Militarismus erscheinen nur punktuell in Einzelsituationen auf der Bühne, die für Voigts Weg typisch sind. Faßbar ist die Individualisierung des Militarismus nur im Schicksal Schlettows. Schlettows Charakter ist deshalb auch spiegelbildlich zu dem Voigts entworfen. In der Konsequenz seines Verhaltens, in der Präzision seines Tuns und in der Geradlinigkeit seiner Moral gleicht er Voigt. Nur, wo Voigt „Mensch" ist, ist Schlettow Uniform und nichts außerdem. Wo Voigt durchschaut, repräsentiert er mit Konsequenz das falsche Bewußtsein, die Verinnerlichung des Militarismus bis in die letzten Kapillare. Er hat schon im „Gefühl", ob die „Gesäßknöppe" richtig sitzen. Es fehlt diesem Vertreter des preußischen Junkertums alles, was ihn zum Ausbeuter und Angehörigen eines imperialistischen Herrschaftssystems machen könnte. Seine Existenz gründet in der allgemeinen Verblendung, für die er nicht schuldig befunden wird. Die Abstraktheit seiner Existenz, ihre zum Prinzip erhobene Systematik reicht schon wieder ins Bewußtlose hinab. Er ist die Marionette, die Holzpuppe, die in Wormsers Ladendekoration die Uniform trägt (vgl. 7).

Hätte Zuckmayer ihm mehr Raum gelassen, hätte eine psychopathologische Fallstudie entstehen können, eine Psychopathologie des autoritären Charakters, der auch im Untergang noch die Ursache seines Untergangs rechtfertigt. Ichschwach, kontaktunfähig, erotisch verkümmert, kompensationsbedürftig und an Randgruppen sich abreagierend, kommunikativ inkompetent, ist er Repräsentant und Opfer des Systems in einer Person. Die Identität von Mensch und Funktion, die Schlettows Moralprinzip ist, läßt vom Menschen nur noch das mechanisch funktionierende „Uhrwerk" (25) übrig.

Obwohl Zuckmayer den Militär in solcher Weise verkümmert, entvitalisiert und mechanisiert darstellt, ihm also alle die Werte nimmt, die seine und Voigts Moral konstituieren, umgibt er das Ende Schlettows mit einem Hauch von Tragik. Weil er seine lebensfeindliche Systematik bis zum bitteren Ende durchhält, gewinnt er das Mitleid seines Burschen Deltzeit, Wabschkes und auch des Zuschauers. Deshalb wird Schlettow nicht zu einem Diederich Heßling. Dieser Figurengestaltung ist zu Recht vorzuwerfen, daß sie in die Gefahr gerate, „Ursache und Folge, Wesen und Erscheinungsform zu verwechseln, die das Wilhelminische System stützenden gesellschaftlichen Gruppen nicht real, sondern abstrakt (nach ‚Charaktereigenschaften') zu werten (...)"[43]

Die Funktionäre. So ist es Zuckmayer immer ergangen: Wenn er eine Figur intensiver ausleuchtet, entdeckt er auch in der borniertesten Existenzkarikatur, auch in den Ausbeutern, Verrätern und Mitläufern das verstellte und maskierte Humanum. Daher seine Versöhnlichkeit. Nur die Randfiguren und Handlanger der Macht, die nichtsdestoweniger auf Voigts Leidensweg die zentrale Rolle spielen, werden satirisch verzerrt. Diesen Figuren geht das Individuelle verloren, weil sie nicht leben sollen. Über sie gibt es nichts zu sagen.

Die Spitze der Hierarchie allerdings verbirgt sich. Sie „erscheint" nur – als Bild in den Familienstuben, Amtszimmern und Geschäften. Sie erscheint, weil sie an sich wesenlos ist. Es bedürfte ihrer nicht, weil die Hierarchie sich selbst genügt und durch ihre Handlanger in Funktion gehalten wird. In der unverfälschten feudal-aufklärerischen Hierarchie Preußens wäre der Landesvater dem Untertanen präsent und würde, wenn auch autokratisch, seine Funktion als erster Diener des Staates wahrnehmen. Die Systematisierung und Bürokratisierung der ehemals „heiligen" Herrschaft delegiert nach dem bürokratischen Prinzip *divide et impera* die Fürsorgepflicht, der sich der absolutistische Herrscher selbst unterwarf. Diese Pervertierung von Herrschaft wird Gestalt in der Abwesenheit des Herrschers und in der Allgegenwart seiner Beamten. Ohne die Wesenlosigkeit der Hierarchiespitze wäre der Fall von Köpenick nicht denkbar, dessen Bedingung die Verselbständigung der Administration ist. Was Zuckmayer so sorgfältig aufbaut, wird dann freilich durch die letzte Szene wieder aufgehoben. Ihre Majestät ist nun im direkten Wort gegenwärtig: „Kein Volk der Erde macht uns das nach!" (121)

Die Opportunisten. Der Opportunist zeichnet sich bekanntlich dadurch aus, daß er alles hundertfünfzigprozentig macht. Die Opportunisten des Stückes sind in die „Reserve" verwiesen. Sie müssen deshalb das, was ihnen als Bürger an Karriereprivilegien verlorengeht, durch Überanpassung ausgleichen. Der Opportunist lebt zwar in Distanz zum gesellschaftlichen Kräftefeld, denn er durchschaut seine Mechanismen, sein Ziel ist aber die Integration und damit der Distanzverlust. In ihrem Bewußtsein und in ihrem Ziel unterscheiden sich Obermüller und Wormser also nicht von Wilhelm Voigt.[44]

In Obermüller karikiert Zuckmayer den Anpassungsprozeß der Intelligenz an den Ungeist. Dieser Prozeß ist langwierig und schmerzhaft. Die Situationen einer solchen Karriere verlaufen parallel zu denen Voigts und der Uniform. Die Karriere ist Zweck an sich selbst: „Das Schöne is, daß man was geworden is, was nich jeder werden kann, das macht Spaß!" (51) Die Intelligenz würde ihren Seelenfrieden nicht finden, wenn sie ihre Anpassung nicht auch intellektuell rechtfertigen könnte. Sie gibt sich liberal und argumentiert idealistisch: „Das System ist monarchisch – aber wir *leben* – angewandte Demokratie!" (51) In diesen verbalen Hochherzigkeiten entlarvt Zuckmayer den Konformismus und die Standpunktlosigkeit des zeitgeschichtlichen Liberalismus, dessen Pathos eine Analyse der sozialen Verhältnisse überflüssig machen soll. Die Synthese der „Idee der individuellen Freiheit" und „der konstitutionellen Idee" ist für Obermüller Realität – allerdings erst zu dem Zeitpunkt, zu dem er seinen Leutnantsrock ausprobiert. Wer Leutnant ist, hat „es" in Preußen „erreicht".

Der Triumph Voigts muß Obermüllers Blamage sein, weil er, ans Ziel gelangt, die Distanz verloren hat und dem kollektiven Apparat assimiliert ist. Es geht also nicht an, Obermüller zu rechtfertigen,[45] auch wenn er als Bürgermeister Verantwortung zeigt, indem er sozial Privilegierten keine Steuervorteile gewähren will. Die Ironie des Stückes will, daß der aufgrund seiner Sozialisation, Ausbildung und intellektuellen Voraussetzungen zur Distanz Prädestinierte der Bauernschlauheit des Volkskindes erliegt. Die Intelligenz, blutleer, schmalbrüstig und fettleibig, hat die natürlichen Maßstäbe verloren, die doch so einfach – Voigt zeigt es – aus der kreatürlichen Bedürfnissituation zu gewinnen wären. In Obermüller verlacht das Volk den Dünkel seiner tintenklecksenden Söhne, denen die Würde einer „Tragik" nicht mehr zugesprochen werden kann.[46]

Zwischen Obermüller und Wormser besteht nur ein Gradunterschied. Der Jude Wormser muß seine Anstrengungen zur Anpassung Obermüller gegenüber potenzieren. Seine ganze Angestrengtheit spiegelt sich in seinem Reden. Er redet so viel, daß selbst Schlettow die Luft wegbleibt. Er übertrumpft noch den Offizier und versucht, ihn mit seinen Mitteln zu schlagen. Wormser spielt sein Spiel mit der Macht und fügt sich ihr gleichzeitig. Er kann die komische Figur abgeben wie Wabschke und sich dem Sprachspiel des Militärs fügen. Er spielt dieses Doppelspiel zwischen Schein und Bewußtsein virtuos, weil sein Status davon abhängt. Seine Kontrastfigur ist Krakauer, die „sagenhafte Ghettogestalt" (93). Wormser lebt hinter „großen gläsernen Schaufenstern", die „in Goldbuchstaben" die Firmeninschrift tragen (7), Krakauer in einem „dumpfen(s), fensterlosen(s) Lokal", dessen bunte, gemalte Schilder die Wahrheit sagen: „Kleider machen Leute" (93). Demonstrativer können der Anpassungsjude und der sich zu seiner Tradition und Sonderexistenz bekennende Jude nicht kontrastiert werden. Auch das Judentum ist mit sich selbst nicht solidarisch. Wormser hat den Weg gewählt, der ihn als einziger zum gesellschaftlichen Erfolg führen kann. In seiner Biographie sind die drei Semester Jurastudium und die Zugehörigkeit zur schlagenden Verbindung notwendiges Durchgangsstadium zum „Kommerzienrat". Auch dem Randständigen läßt dieses System eine Chance: Er wird zu den staatstragenden Funktionen nicht zugelassen, aber er darf am Staatsglanz teilhaben und den

Glanz verbreiten helfen, dem der Staat seine Erhaltung verdankt. Der Vertreter der Minderheit stabilisiert die Herrschaft der Majorität, die ihn diffamieren könnte. Er „organisiert" den Manöverball, das Spektakel um die Uniform überhaupt.

Ist es fatal, daß Zuckmayer Juden so darstellt? Verzerrt er dadurch „die antifaschistische Richtung seiner Kritik"[47]? Beide Juden sind mögliche Typen der kaiserzeitlichen Gesellschaft, sie sind „realistisch". Wichtiger aber ist ihre strukturelle Bedeutung. Der Militarismus behauptet seine universale Geltung gerade dadurch, daß er auch die Randgruppen in seinen Dienst stellt. Die Uniform *kann* nur beim Juden erstanden werden. Strukturell ist durch die beiden jüdischen Kontrastfiguren das Gleichgewicht hergestellt: Das Geschäft mit der Uniform gelingt nur dem Ghettojuden. Er narrt im Verein mit Voigt auch den Anpassungsjuden. Der Kaufmann ohne Glück und der Bürokrat ohne Glück gehören als Genarrte zusammen.

3.4
Die Untertanen

Der Narr. Auch Wilhelm Voigt steht nicht allein im Ensemble der Figuren. Typus, Moral und Sprachfähigkeit der Hauptperson haben ihre Entsprechung im „bürgerlichen" Lager. Der „Pojazz" (9) Wabschke ist eine uralte Type der Komödie, die Urform des deutschen Hanswurst, eine burleske, um nicht zu sagen clowneske Figur (*pagliaccio*). Er ist der klassische Diener, der das Problem seines Herrn auf seine Ebene herunterzieht und parodiert. Oft tritt er als Figaro auf, als Faktotum seiner Welt. Seine vorzüglichen Mittel, sich die Sympathie des Zuschauers zu gewinnen, sind sein Bewegungs- und sein Wortspiel. In der italienischen Komödie waren ihm ganze Zwischenspiele zugestanden, in denen er solche *lazzi* produzieren konnte. Seit Shakespeare ist ihm ein Buckel zugewachsen und seine Domäne die Wahrheit des Wortes. Wie Wormser sagt: Nicht nur „Possen" sind seine Stärke, sondern auch „Schnoddrigkeiten" (9). Mit seinem behenden Wort barbiert er alle übers Ohr, die im Besitz der Macht und also nicht von Humor und Ironie sind. Wabschke hat das Recht zu dieser Perspektive, weil er die Distanz hat – nicht nur zu Schlettow und zu seiner Uniform, sondern auch zu sich selbst. Er hat sich „lieber'n Puckel jezüchtet" (8), statt (beim Militär) zu „dienen", um sich im Dienstleistungsgewerbe die Freiheit zu wahren, lachend die Wahrheit zu sagen. Wabschke hat denn auch die Lacher auf seiner Seite, wann immer er auftritt. Neben Voigt ist er aber auch der einzige, der seinen sprachschöpferischen Witz in den Dienst der Menschlichkeit stellen kann. Der entlassene Schlettow findet in ihm seinen einzigen Tröster: „(...) det Militär is ja sehr scheen, aber es is nu wirklich nich det einzije uff de Welt. De Welt is jroß, und jeden Morjn jeht de Sonne uff" (36).

Die Unterwanderung der Ordnung durch das närrische Wort hat aber ihre Grenzen. Die Gesellschaft kann den Narren zum Schweigen bringen, wenn sie seine Wahrheit nicht wissen will. Der Narr ist eine integrierte und tolerierte Figur. Voigt und Wabschke unterscheiden sich wie Außenseiter und Narr:[48] Wabschke kann keine Probleme lösen, weil er schweigen muß, wenn Wormser es befiehlt. Die subversive Kreativität, die Voigt mit dem Narren gemeinsam hat, nutzt er ohne gesellschaftliche Lizenz, weil die Voigt nicht einmal die Rolle des Narren einräumen will.

Das Opfer. Die Welt des Obrigkeitsstaates hat ihr Opfer, Schlettow; in der Welt der Untertanen verendet das Opfer Liesken. Der Zuschauer sieht das kranke Mädchen nicht, so wenig wie den Kaiser: erstere und letzterer sind unsichtbar. Den optischen Eindruck soll der akustische ersetzen. Die Szene wirkt durch Lyrik, nicht durch Dramatik. Verhalten zeigt sie die soziale Verelendung:

> „Blasse Gesichtsfarbe, Bleichsucht, Engbrüstigkeit, Brustleiden, Kurzsichtigkeit, Verkrümmung des Rückgrates, Schiefwuchs, verkrüppelte Beine usw. – das sind die unverwischbaren Zeichen und Merkmale, mit denen die bedauernswerten Opfer kapitalistischer Profitgier von Jugend auf gekennzeichnet sind".[49]

Statt, wie dieser zeitgenössische Zeuge, das Elend demonstrativ zu inszenieren, orientiert sich Zuckmayer lieber an der Frauengestaltung seines Lehrers Gerhart Hauptmann: Liesken, die fragile, zart-kindhafte, „wolkenleichte und ahnungsdurchwehte" Mädchengestalt, soll wie Hannele mehr sein als eine naturalistische Elendsfigur. Die Traditionsreihe solcher sylphidischer Kindfrauen – so Zuckmayer – weise über Naturalismus und Romantik

zurück auf die „wie eine abgerissene Liedstrophe hinsterbende"
Mignon Goethes.[50] In Mignon war die Verlorenheit der „Seele",
des ursprünglichen, gottnahen Lebens in einer verdinglichten
Welt Gestalt geworden. Mignon, die Waise, die im nordischen
Deutschland ortlos herumirrt, findet nur in Wilhelm Meister eine
Bezugsperson, die ihr zugleich Vater, Gebieter und Geliebten er-
setzen soll. In der Prosa der bürgerlichen Verhältnisse gesungen,
ist ihr Lied vom „Land, wo die Zitronen blühn" Ausdruck ihrer
Sehnsucht nach der Rückkehr in die verlorene Unmittelbarkeit:
„Dahin! Dahin/Geht unser Weg; o Vater, laß uns ziehn!"[51] So
nimmt auch det Liesken teil am Mythos des Lieblingskindes
deutscher Dichtung und wird zum Träger einer Utopie von der
Freiheit. Wilhelm Voigt ist ihr Onkel, Märchengroßmutter und
väterlicher Freund zugleich: „Die Begegnung mit dem kranken
Mädchen entspricht der Liebesbegegnung in anderen Stücken
Zuckmayers."[52] Das ist wohl der letzte Grund, warum Liesken
auf der Bühne nicht zu sehen ist: eine „abgerissene Liedstrophe",
transzendiert ihr Wesen, die konkrete Zeit und den konkreten
Raum der Bühne und läßt nur eine unkonkrete Ahnung vom
Glück zurück: „Onkel Willem – da jehn wa hin zusammen"
(76)[53].

Der Kleinbürger. Voigt ist ohne Freund und Vertrauten. Kalle,
der Genosse seines Einbruchs ins Polizeirevier, bleibt so hinter
Voigts Bewußtseinsstand zurück, daß Voigt im Gespräch mit ihm
kaum zur Aussage seiner wahren Intentionen gelangen kann: „davor mußte 'n Kopp haben, den haste nich" (21). Erst im Gespräch
mit Schwager Hoprecht können das Problem und der Konflikt
Voigts in ihren tieferen Dimensionen ausgelotet werden. Hoprecht übernimmt die Rolle, die im klassischen Drama der *confi-
dent,* der Vertraute, innehatte. Er ist Katalysator, der den Ent-
scheidungszwiespalt des Helden zum Ausbruch bringt und im
Dialog mit ihm die Gegenposition einnimmt, an deren Argumen-
ten sich die Entscheidung herauskristallisiert und die Sicherheit
gewinnt, die das Handeln trägt.

Hoprecht ist der Vertreter des Kleinbürgertums. „Kleinbürger-
tum" ist hier nicht nur als soziologische Kategorie, sondern als
Beschreibung einer Mentalitäts- und Bewußtseinslage verstanden.
Grunderfahrung des Kleinbürgers ist die ständige Bedrohung
durch die Gefahr der Verarmung: „Friedrichens Gehalt geht

grade in die Wirtschaft rein, und mein Seifengeschäft wirft kaum de Kosten ab (...)" (58). „Die Erscheinung der Pauperisierung reflektiert der Kleinbürger als im Individuellen beschlossen und als bloße Gefährdung, die es subjektiv zu überwinden gilt (...)"[54]. Deshalb hat Hoprecht darauf verzichtet, Militäranwärter zu bleiben („das Beste im Leben", 64), und seine Frau die Erbschaft des Kleinhandels angetreten. Die Integration in die Gesellschaft überbietet der Kleinbürger durch Identifikation: Mensch und Beamter Hoprecht sind identisch. Die Entfremdung im Beruf wird zwar erfahren, aber kompensiert. Erfülltes Leben ist nur in der knapp bemessenen Freizeit möglich: „Nee, wenn er nich manchmal ne Übung hätte, ich glaube, denn wär der Mann verkümmert. (...) Sonst hat er ja nichts, mal 'n Kegelabend, mal de Pfeife, hechstens mal 'n Glas Bier, solid wie er is" (60). Ordnung, Solidität, Geregeltheit des Tagesablaufs täuschen über den Lustverzicht hinweg und sollen Sicherheit garantieren. Kantisch-pedantisch kommt Hoprecht mit dem Glockenschlag vom Dienst. Ordnung ist identisch mit Menschsein: „'n Mensch biste überhaupt nur, wenn du dich in ne menschliche Ordnung stellst!" (89) Die Ordnung, die der Kleinbürger verwaltet, ersetzt den festen Boden unter den Füßen. Der Kleinbürger ist dem geistigen und gesellschaftlichen Entwicklungsstand der Moderne ungleichzeitig und ihrem Lebensgefühl nicht gewachsen: „Bei uns in Deutschland, da is 'n fester Boden drunter, da is kein hohler Raum zwischen, da kann nichts passieren!" (90 f.) So formt Hoprecht den Topos von „*homo abyssos*"[55] um: Der Mensch muß vor dem Abgrund bewahrt werden, in den er durch Selbstreflexion gestürzt werden könnte. Dem entspricht Hoprechts Bedürfnis, Konventionen metaphysisch zu fundamentieren, um die fehlende Ichstärke aus der Stärke des universalen *ordo* zu beziehen: Gesetz und Weltordnung sind identisch. Wäre dem nicht so, „denn gäb's ja kein Treu und Glauben mehr auf de Welt!" (89) Staat und Recht verbürgen die überzeitliche Wahrheit und damit die Sicherheit. Ordnungsstörungen werden nicht auf eine gesellschaftliche Ursache zurückgeführt, sondern „entweder religiös als Schuld oder naturalistisch als mangelnde Begabung"[56] hypostasiert. Hoprecht legitimiert sein individuelles Leiden (die ausbleibende Beförderung) metaphysisch als „Unglück" (88) und hebt den Mißerfolg in die Harmonie des Ganzen auf: „ Wat is denn schon einer, gegens

Ganze genommen?! Für det Geld, wat se an Löhnung sparen, da wird vielleicht ne Kanone jebaut! " (90) Wenn Recht und Gesetz identisch sind, kann das Unrechtmäßige nur einer nicht kontrollierbaren und nicht kontrollierten Instanz, dem Schicksal, zugeschrieben werden. Das Sicherheitsstreben nimmt in den Kauf, daß die Ordnung zur Ordnung einer Strafkolonie werden kann: „reinfügen mußte dich! Nich mängeln gegen! Und wenn's dich zerrädert – denn mußte det Maul halten, denn jehörste doch noch zu – denn biste'n Opfer!" (91) Die Identifikation mit dem Ganzen hält sogar die Negation ihrer selbst, den bis zur Selbstvernichtung getriebenen Masochismus aus. Der Kleinbürger ist also bis zur letzten Perversion seines ursprünglichen Wollens verführbar. So hausbacken er erscheint, so dämonisch wird er, wenn der offizielle Moralkodex, dem der einzelne nichts Eigenes entgegenzusetzen hat, sich wandelt oder ausgetauscht wird.[57] Hoprecht, nicht Voigt, ist „gefährlich", weil er sein gutes Gewissen aus der kollektiven Moral bezieht, auch wenn sich die vom Menschenrecht löst. Sein Ressentiment gegenüber den Normfremden deutet schon an, daß der Augenblick kommen wird, in dem Recht und Ordnung in den Krieg führen werden: „Sagen wa mal: in Rußland zum Beispiel, da habense die Bestechlichkeit der Behörden, habense da – und denn die Muschiks (...) und denn die Lasterhaftigkeit der höheren Kreise, und denn die Studentinnen, un det ganze schlechte Beispiel!" (90)

In seinen Repliken gelingen Voigt Einsichten in das Wesen des Rechts, die den Horizont kleinbürgerlicher Enge überschreiten. Voigt durchschaut, daß die formalisierte Ordnung zum Selbstzweck geworden ist und deshalb mißbraucht werden kann: „Wat steht hinter, Friedrich, 'n Gott oder 'n Teufel?" (91) Voigt, der „weise" Schuhmacher in der Tradition des Hans Sachs' und Jacob Böhmes, stellt den Bezug zur Zeit des Autors her und weist der Mentalität des Schwagers Denkmuster nach, die präfaschistisch genannt werden können.

Die Halb- und Unterwelt. Die Welt der kleinen Gauner, Diebe, Prostituierten und gescheiterten Existenzen soll nicht bloß pittoresk wirken. Die Episodenszenen, in denen sich die Unterwelt breit entfalten darf, zeigen eine Palette von Existenzmöglichkeiten, die Voigt hinter sich lassen will. Voigt gehört von seinem Wesen her der Unterwelt nicht an, in der er gezeigt wird. Auf diesem dunklen Untergrund erstrahlt der Widerstandswille Voigts um so heller. Die Figuren, die Zuckmayer hier durchaus differenziert angesiedelt hat, gehören nicht zu dem „Volk", das sonst seine Bühne mit drastischer Natürlichkeit belebt. Es ist die Großstadtplebs, die dem Wurzelboden des natürlichen Lebens entrissen ist. So sympathisch Zuckmayer diese Welt gestaltet, so romantisiert er doch nicht. In der „Herberge zur Heimat" führt er das Lumpenproletariat aller deutschen Länder zusammen, zeigt, daß die Proletarisierung überregional ist und daß innerhalb des Proletariats keine Solidarität herrscht. Auch in der Unterwelt gilt das System des Scheins: Der Deserteur kann das nicht spielen, was alle spielen; er fällt auf, weil er kein anderer sein kann als er ist. Er wird zum Opfer des unsolidarischen Verhaltens der in sich zerstrittenen Herbergsbelegschaft. Die anderen haben gelernt: So vor allem Kalle, der Wandlungsfähigkeit als Bedingung der Möglichkeit des Existierens erkannt hat und von seinem Gestaltwandel zum scheinheilig-reumütigen Sünder in des Pastors Familie ausführlich berichten darf (vgl. 18 f.). In der Unterwelt herrscht die gleiche Verdinglichung wie in der Welt des Militärs: Die Damen des Clubs „Bonne Queue" heißen „Puppen" (21). Von der Romantik ist zu lernen, daß die Puppe den Menschen in seiner Automatisierung, im Zustand der Entfremdung meint. Jellinek, der eine solche Puppe begrüßt, nennt sie zudem noch Olympia, wie *die* Puppe schlechthin, E.T.A. Hoffmanns am Schnürchen aufgezogenen Lockvogel. Puppen sind diese Damen wie die Puppen des Militärs. Deutsches Reich und Bordell unterliegen dem gleichen Marktgesetz, dem der Fetischisierung.

3.5
Figur und Typus

Entwicklungslosigkeit der Charaktere. Die Figuren entwickeln sich nicht. Ihr Agieren und Reagieren ist diagnostizierbar. Sie sind am Ende, die sie am Anfang waren. Es gibt keine rapiden Brüche im Verhalten, keine Explosionen aus der Persontiefe heraus. Es fehlt der Kampf der Figur mit sich selbst, weil sie keine individuelle Idee hat, durch die sie sich vom gesellschaftlichen Klischee absetzen könnte. Auch in der Emotion herrscht noch die Ordnung, die Spontaneität verhindert. Das unberechenbare Unbewußte ist domestiziert. Das für den Handlungsverlauf wichtigste Beispiel: Als Obermüller arretiert wird, haut er zwar auf den Tisch: „Das ist aber stark! Ich lasse mich hier nicht einfach – " Diese Aposiopese aber sagt alles. Der emotionale Ausbruch wird zurückgenommen, bevor das Prädikat, das die aufrührerische Aktion benennen könnte, ausgesprochen ist. Die Figur nimmt ihre potentielle Freiheit selbst zurück. Voigt braucht sie kaum an das Prinzip zu erinnern („Haben Sie gedient?"), das jeden „Widerstand nutzlos" macht. Obermüller erstarrt sofort wieder zur Marionette und nimmt den Widerstand ins Schweigen zurück: „Obermüller starrt, nimmt seinen Zwicker ab, Schweiß auf der Stirn" (107). Die physische Reaktion allein steht für den unterdrückten Freiheitsakt. Wäre der Figur in diesem Augenblick Spontaneität erlaubt, käme Voigt nicht ans Ziel.

Die Entindividualisierung der Person. Das Stück zeigt das Panorama der Gesellschaft nur im Hinblick auf das Einzelschicksal Wilhelm Voigts. Keine der Nebenfiguren treibt unmittelbar die Handlung vorwärts. Sie treten isoliert, wenn auch in Serie und meist namenlos auf. Im gesellschaftlichen System haben sie eine Funktion, und mehr kommt ihnen auch im dramentechnischen Sinne nicht zu. Wenn die Hauptperson des Stückes ein Ding, ein Requisit ist, können die Personen im Dienst des Requisits nicht individuell sein. Zuckmayer will das auswechselbare Personal im Personenverzeichnis gar nicht mehr einzeln erfassen. Nach den acht namentlich genannten Figuren werden „Zeitgenossen aller Art" (7) aufgeführt. Soziale Unterschiede spielen dabei kaum eine Rolle, die soziale Stellung prägt nicht das Bewußtsein und die Würde. Der *underdog* erobert sich diese Würde am Ende und unterläuft die Hierarchie. Damit stellt er auch das Schema der klassischen Tragödie auf den Kopf: In ihr fielen die tragikwürdigen Figuren aus ihrer sozialen und ideellen Höhe; hier hat Tragik nichts mit dem sozialen Ort der Figur zu tun.

Bei aller Tendenz zur Typisierung der Figuren – am eindeutigsten in der sechzehnten Szene – vermag es Zuckmayer allerdings nicht, seine Nebenfiguren zur Schablone zu degradieren. Dem wirkt immer wieder eine lebensvolle, sensualistische Vergegenwärtigung entgegen, durch die die Figur Unverwechselbares gewinnt. Der Zuschauer muß decodieren, daß das Bühnenindividuum nur Variation des gleichen Typus ist.[58]

Figur und Schicksal. Daß Voigt am Ende Glück hat, ist kein Zufall. Nichts ist in diesem Geschehen akausal-unmotiviert. Voigt hat geplant, indem er die möglichen Determinanten des Gelingens einkalkulierte. Das Glück fällt ihm zu, weil es fällig ist. Wenn der Zufall das Fällige ist, ist er kein Zufall mehr, sondern Schicksal:

> „Nie wollte ich die Freiheit aufgeben, Dichtung um ihrer selbst willen wachsen zu lassen, aber keineswegs als *l'art pour l'art*, sondern als *l'art pour l'homme* – eine (unprogrammatische, untendenziöse) Spiegelung des Menschenbildes, in der Darstellung seiner Kreatürlichkeit, das heißt seines Schicksals, das er zu bestehen und an dem er sich zu messen hat".[59]

Die Figur besteht, die schicksalsfähig ist, d. h. sich nicht blind dem Schicksal unterwirft, sondern „das Leben" „ in seinem vollen unteilbaren Umfang, in seiner unfaßlichen Ganzheit", im Einklang mit dem „überdimensionalen Wesen des Weltgeschehens"[60] frei akzeptiert. Zuckmayer nennt diese Haltung im Anschluß an Nietzsche *amor fati. Amor fati* sagt Ja zum Leben, wie es ist: „Ich will keinen Krieg gegen das Häßliche führen. Ich will nicht anklagen, ich will nicht einmal die Ankläger anklagen."[61] Dem einzelnen ist aufgegeben, innerhalb seines determinierten Schicksals durch Mitverantwortung im Tun und Erleiden sich in das Koordinatensystem der Welt einzufügen.[62] Dies Urvertrauen setzt voraus, daß die Natur, anders als bei Nietzsche, nur oberflächlich als dionysisches Kräftespiel erscheint. Gäbe es nicht die „geheime Ordnung", ein „geheimes Maß aller Dinge",[63] verlöre sich der *amor fati* im Chaos.[64] In dieser Grundannahme verharmlost Zuckmayer Nietzsches unbedingtes Jasagen. Er propagiert keinen philosophischen Entwurf, sondern zeigt eigene Lebenserfahrungen. Ihm erscheint Entwicklung, wie zu Goethes Zeiten, als organisches Wachstum, das sich den Umweltbedingungen anpaßt. Nietzsches Erfahrung des existentiellen Ausgesetztseins des Menschen in einer universalen kosmischen Unordnung ist ihm fremd. Weil der Held Voigt sein inneres Gesetz erfährt, sich nicht passiv dem *fatum* und seiner wesenlosen Motorik ergibt, wie es alle anderen Figuren tun, die um ihn gruppiert sind, gelingt sein Entwurf.

4
Zeit und Raum

4.1
Fiktive und historische Zeit

Dimensionen der fiktiven Zeit. Die dramatische Zeit ist exakt definiert: „Der erste Akt spielt um die Jahrhundertwende, der zweite
und dritte zehn Jahre später." (5) Der Zeitenraum, der übersprun-
gen wird, hat nicht nur die handlungstechnische Funktion, die
Zeit des Zuchthausaufenthaltes Voigts zu raffen, sondern charak-
terisiert und deutet auch die historische Zeit, in der das Stück angesiedelt ist. Trotz der weiten Zeitspanne hat sich nichts geändert: Nach dem Zeitensprung (elfte Szene) ist die Konstellation
dieselbe wie vorher (erste Szene). In einem übertragenen Sinne ist
also die Einheit der Zeit gewahrt: Die Zeit der ersten beiden
Akte ist reine Gegenwart und bedingt Stagnation.

Zuckmayer schlägt den Zeitbogen aber noch weiter, indem er
der Ebene der unmittelbar vergegenwärtigten Zeit eine zweite
der erinnerten und der vorweggeahnten Zeit hinzufügt. Die Stagnation umfaßt die gesamte Epoche von 1870/71 bis 1914/18.
Deshalb wird die Zeit auch scheinbar überflüssig als Zeit „vor
dem Ersten Weltkrieg" (5) definiert. Was die Bühne repräsentiert,
hat einerseits seine Wurzeln im deutsch-französischen Krieg und
deutet andererseits voraus auf den Fall des Reiches, das nach diesem Krieg gegründet wurde. In zwei Gelenkszenen werden Vergangenheit und Zukunft in die Handlungsgegenwart eingeholt:
in der achten, die von sich aus schon retrospektiv angelegt ist und
den zehnjährigen Zeitensprung überschaut, und in der sechzehnten, der letzten Ruhepause vor dem Sturm auf das Rathaus von
Köpenick.

Die Wiederaufführung der Schlacht von Sedan durch die Ge-
fängnistruppe rekapituliert die eigentliche Geburtsstunde des
Kaiserreiches. Die Niederlage Frankreichs ist der Grund für das
Erstarken des Nationalbewußtseins des in sich zersplitterten
Deutschen Bundes und führt in direkter Entwicklungslinie zur
deutschen Einigung in der Kaiserproklamation von Versailles am
18.1.1871. Die preußischen Tugenden, Pflichtbewußtsein, Dis-
ziplin und Fleiß, werden für den Sieg verantwortlich erklärt. Da-

durch, daß der Kaiser in Personalunion preußischer König ist, erlebt der friderizianisch-spartanische Geist eine gesamtdeutsche Renaissance.[65] Der geschichtliche Moment, der das neue Gloria Preußens bedingt, ist ins Stück integriert und zugleich ins Gefängnismilieu verlegt. Die vierzig Jahre, die Preußen-Deutschland zwischen 1870 und der Inszenierung des Sedantages durchlebt hat, haben Preußen in ein Gefängnis verwandelt.

Acht Szenen später wird in ähnlicher Weise die unmittelbare Gegenwart transzendiert. Voigt sitzt auf einer Bank im Park von Sanssouci (Ohnesorge) und beobachtet die Vorübergehenden. Der Szene fehlt der unmittelbare Handlungszusammenhang. Sie ist Retardation, Verzögerung der komischen Katastrophe, eine Spaziergängerszene à la Goethe oder Büchner. Die Personen defilieren zyklisch am Beobachter vorbei; ein Generationenreigen veranschaulicht die Identität der Zeit von 1870 bis 1918: die Alten, der Geheimrat und der Oberst, der ausgedient hat und wie die Uniform bald „abkratzen" wird; die älteren Offiziere, die die Kriegsgefahr diskutieren; die jungen Offiziere, die schon die Strategie des Weltkriegs entwickeln; und die nächste Generation der als Offiziere verkleideten Knaben; schließlich der Invalide von 1870/71, der allen demonstriert, was am Ende von Preußens Gloria stehen wird. Der Zuschauer lernt durch das Arrangement assoziativ, daß hier nicht nur raumübergreifend, sondern auch zeitübergreifend in der kaleidoskopartigen Reihung von Wirklichkeitsfragmenten das Preußentum selbst vorbeimarschiert. Vom Alten Fritz datiert her, was sich hier erfüllt; und was am Ende des Stücks geschehen wird, ist Fanal des Weltkriegs: „Ich traue dem Frieden nicht, Herr Kamerad. Ich höre öfters donnern. Hören Sie nichts? Es liegt was in der Luft." (98)

Diese Integration der Zeitekstasen gelingt Zuckmayer, indem er sich einen einzigen Eingriff in die historische Zeit erlaubt: Er siedelt Voigts Coup vier Jahre später, im Herbst 1910, an. Die runde Zahl erlaubt die Feier des Nationaltags; die Verlagerung in die Nähe des Kriegsausbruchs rechtfertigt den Ausblick auf die Verschärfung der außenpolitischen Krisensituation. Zwischen diesen Polen hat die unmittelbar gegenwärtige Zeit die Qualität einer Wirkungsmacht. Die historische Zeit ist immer und überall präsent, nicht als Ereignisgeschichte, sondern als Atmosphäre, als Instanz, die auf die Handlung der Figuren Einfluß nimmt, als Geflecht der sozialen und ideologischen Bedingungen des Handelns. Zuckmayer spiegelt Geschichte nicht wider und erzeugt doch Realitätsdichte, indem er Strukturelemente und Strukturprobleme der historischen Zeit vergegenwärtigt.

Strukturen der historischen Zeit.[66] In der Verfassung des zweiten deutschen Kaiserreiches sind die den Deutschen nicht ungewohnten absolutistischen Prinzipien bewahrt. Die Volksvertretung ist nur zuständig für die Feststellung des Inhalts der Gesetze und des Etats. Einfluß auf die Außenpolitik hat das Parlament nicht. Durch den Monarchen oder den Bundesrat ist der Reichstag jeder Zeit auflösbar. Der Reichskanzler ist dem Parlament *de iure* verantwortlich, ein Mißtrauensvotum gibt es aber nicht. Wehler schlägt für dieses Verfassungsmonstrum den monströsen Begriff des „*pseudoinstitutionellen Semi-Absolutismus*" vor.[67]

Damit ist die institutionelle Verankerung des *Obrigkeitsstaates* gewährleistet, der durch Tradition und Sozialisation verinnerlicht wird. Die Vater-Staat-Ideologie durchwirkt alle gesellschaftlichen Institutionen. Durch die Erziehung wird das Denken in hierarchischen Modellen internalisiert. Zuckmayer zeigt, wenn auch nur schlaglichtartig, in der sechzehnten Szene die Wirkung der Primärsozialisation: „Sehr kleine Knaben" praktizieren in normgerecht verkleinerten Uniformen mit Kastanien, was sie später mit anderer Munition ausführen sollen: sie „bombardieren" (97) und reiten schon jetzt auf dem „Steckenpferd" des Militarismus. Zu den primären Sozialisationsinstanzen treten die sekundären der Burschenschaften und des Militärs. Das *Burschenschaftsystem* dient nunmehr dazu, den Bürger auf einen „neoaristokratischen Ehren-und Verhaltenskodex"[68] festzulegen, und steht im Kontext der Allianz zwischen Großbürgertum und Adel. Für den Geschäftsmann Wormser ist die Mitgliedschaft in einer Korporation Vehikel seines gesellschaftlichen Renommees und die Eintrittskarte für den Erfolg. Auch Juden wurden Mitglieder der nationalistischen Burschenschaften, um durch demonstrativen Nationalismus gesellschaftsfähig zu werden.

Mit dem System des *Reserveoffiziers* schafft der Staat dem Bürgertum eine Ersatznobilitierung und kanalisiert den Ehrgeiz aufstrebender Bürgerlicher. Theodor Fontane: „Im Ganzen … darf man sagen, es gibt in Preußen nur 6 Idole, und das Haupt-Idol, der Vitzliputzli des preußischen Cultus, ist der Leutnant, der Reserve-Offizier. Da haben Sie den Salat."[69] Die Schlüsselpositionen (hohe Offiziers- und höchste Beamtenstellen) bleiben in der Hand des Adels. Durch solche Maßnahmen schottet sich das System gegen den ‚Demokratismus' ab. Umgekehrt dringt durch die Reserveoffiziere der Militarismus in die zivilen Bereiche ein. Demonstrationsobjekt dieses Systems ist Obermüller (s. oben S. 50 f.), dessen Karriere zum Bürgermeister von Köpenick nichts im Wege steht, zumal er promovierter Akademiker ist. Die *Bürokratie* ist Staat im Staate. Begründet von den Landesfürsten, um Finanz-, Steuer- und Militärwesen zu rationalisieren und den Ständen aus der Hand zu nehmen, emanzipiert sich die Bürokratie und bleibt das beharrende Element im politischen Wechsel. Wie vom Reserveoffizier werden vom Beamten Anpassungsfähigkeit und Gesinnungstreue verlangt. Eine immer länger werdende Bewährungszeit dient der Gesinnungsüberprüfung. Der Apparat schützt und stabilisiert sich selbst: Die Identifikation des Beamten mit dem Kollektiv ist durch die Ausbildungsordnung gewährleistet. Der Bürokrat selbst dividiert sich auseinander in zwei Wesen, in den Beamten und in den Menschen (vgl. oben S. 55 f.): „Ick bin ja selbst son Stückchen Behörde, na und?" (62)

Im Dienst der Rationalisierung wird die Bürokratie immer mehr formalisiert und spezialisiert. Die andere Seite dieser Entwicklung ist: „die Existenz am ‚grünen Tisch', Laufbahnschranken, Karriereehrgeiz, Schalterdistanz, Dünkel nach außen und Liebedienerei nach innen"[70]. Nur noch am Rande erfährt der Zuschauer in Zuckmayers Stück von der sprichwörtlichen Unbestechlichkeit des Beamten (Obermüller verhindert Steuerprivilegien für Industrielle, vgl. 103). Übrig bleibt die „Schranke" (s. S. 20 u. 69 f. dieser Arbeit). Hinter den Schranken existiert ein differenziertes System, das für den Außenstehenden nicht mehr durchschaubar ist. An dieser Spezialisierung der Bürokratie wird am Ende Voigts ganzer Plan scheitern: Kommune und Land haben ihre Arbeitsbereiche aufgeteilt; der Paß ist in Köpenick nicht zu haben.

Voigt steht vor den Schranken nicht nur im Polizeibüro von Potsdam oder dem von Rixdorf, sondern auch im Personalbüro der Schuhfabrik Axolotl. Die *Industrie* nimmt sich das Beamtenwesen zum Vorbild. Der Chef wird zum „Dienstherrn", der Angestellte zum „Industriebeamten". Damit steht auch der privatwirtschaftliche Bereich der Unterwanderung durch das Obrigkeitsdenken offen. Prokurist Knell identifiziert sich mit seiner Firma wie der preußische Beamte mit seinem Staat; ihm stehen dieselben Machtmittel wie dem Schalterbeamten zur Verfügung. Bevorzugt bei der Einstellung werden „Gediente", weil sie den Moralkodex verinnerlicht haben, der auch privatwirtschaftlichen Nutzen bringt: Gehorsam, Fleiß, Unbestechlichkeit. Voigt: „Ick hab jedacht, hier wär ne Fabrik. Ick hab nicht jewußt, daß det hier ne Kaserne is." (33)

Hand in Hand mit der Bürokratie geht die *Justiz*. Durch das Assessorenwesen waren die Vertreter der Rechtsprechung durch jahrelange Kontrolle auf die Prinzipien des Staates konditioniert. Das Wahlrecht versprach allen Staatsbürgern die Gleichheit, und der Staat stand im Ruf, ein Rechtsstaat zu sein. Tatsächlich wurde das formale System immer wieder im Sinne einer Klassenjustiz unterwandert. Voigt erfährt vor allem die menschenentwürdigende Ausweisungspraxis am eigenen Leibe. Am Schluß kann er sich nur darauf verlassen, daß der Kaiser gelacht hat.

Den „bürgerlichen" *Parteien* blieb in diesem System folglich keine Chance zu einem wirksamen Antagonismus. Sie schmiegen sich den Absichten des Staates an. Obermüller ist Zuckmayers Beispiel für diese Kompromißbereitschaft. Deutlich wird an seinen Parolen auch, daß der deutsche Liberalismus die Position, die er 1848 besaß, längst aufgegeben hatte. Er schottet sich gegen die Arbeiterbewegung ab und verliert damit eine durchschlagkräftige Basis. Er gleicht eher einem lockeren Zusammenschluß von Honoratioren. In verschiedensten Gruppierungen spaltet man und vereinigt man sich. Obermüllers „Fortschrittliche Volkspartei" ist ein solcher Zusammenschluß aus der „Freisinnigen Vereinigung", der „Freisinnigen Volkspartei" und dem „National-Sozialen Verein".[71]

Die Sozialdemokratie ist bei Zuckmayer ausschließlich durch den „Vorwärts"-Leser der elften Szene vertreten. Seine Proteste gegen Beamtenwillkür und Militarismus verhallen ungehört bzw. werden vom aufsichtführenden Polizisten mit einfachen Mitteln unterdrückt. Die Repressionen gegen die Sozialdemokratie durch die Sozialistengesetze sind zu dieser Zeit zwar nicht mehr wirksam, die Sozialdemokraten gehören aber immer noch zu den Feindstereotypen der Staatsvertreter. Die Machtlosigkeit der Sozialdemokratie spiegelt sich im Verhalten des Parteimitgliedes: Es operiert als Maulheld, der am Ende doch kompromißbereit ist. Verschiedene Faktoren trugen dazu bei, daß die Sozialdemokratie von ihren revolutionären Zielen Abstand nahm. Bismarck praktizierte die Revolution von oben. Ökonomische Konzessionen sollten demonstrieren, daß Marx' Verelendungstheorie falsch prophezeit hatte. Beispiel des institutionalisierten Sozialreformismus ist Zuckmayers „Herberge zur Heimat", die nach militaristischen Prinzipien funktioniert, deren Leiter aber als „Vater" angesprochen wird (39). Die Restriktionsmaßnahmen, die die Arbeiterschaft treffen (Beschränkung des Streik- und Koalitionsrechts, kein Schutz im Falle von Arbeitslosigkeit), hindern nicht, daß die Sozialdemokratische Partei zum Revisionismus tendiert. Folgerichtig widerspricht sich Zuckmayers „Vorwärts"-Leser: „(...) deshalb verlange ick trotzdem meine staatsbürgerliche Pflicht, Recht wollt ick sagen – " Im Versprecher ist der Reformismus der Sozialdemokratie enthalten. Sie zieht sich auf schillersche Positionen zurück: „ denken kann ick, wat ick will." (72)

Das System der „negativen Integration"[72] baut Bismarck zum innenpolitischen Instrument aus. Nicht nur die Sozialisten, sondern auch die Katholiken und die Juden sind Gegenstand der Diskriminierung. Dem wachthabenden Polizisten ist der Sozialdemokrat ein „vaterlandsloser Geselle". Wie Horkheimer und Adorno gezeigt haben,[73] lenkt das autoritäre System verdrängte Energien in Aggressionen gegen randständige Gruppen ab. Im Kaiserreich ist der *Antisemitismus* geradezu politisch institutionalisiert durch den Rassismus der konservativen Parteien.

Ein anderes Ventil für unterdrückte Triebe schafft sich der Obrigkeitsstaat im *Nationalismus.* Spätestens seit den Kriegen, die zur Gründung des Kaiserreichs geführt hatten, ist der Nationalismus das Identifikationsmittel, das Widerstände gegen das autoritäre Regime ausbalancieren kann. Germanische Ideale, im Sturm und Drang und in der Romantik wiederentdeckt, stärken das Nationalbewußtsein. Die nationalistisch erzogenen Kinder, die den Weltkrieg spielen, heißen deshalb „Walthari" und „Fredegundis" (97). Vom Germanentum bleibt nichts übrig als der Name, der synonym ist mit Reckentum. Der Nationalismus des Bismarck-Reiches kanalisiert die Schwierigkeiten der Innenpolitik nach außen. Hoprecht, der einzige theoretisierende Ideologe des Stücks, argumentiert ganz im Sinne von Bismarcks „Strategie der Machterhaltung"[74]: Sein Feindbild ist „der Russe". Hoprecht weiß vom Russen, was ihm kolportiert worden ist: In Rußland ist „det Jebälke faul". Folgerichtig verquickt Hoprecht seinen Nationalismus mit einer Dosis Biologismus: „bei uns is alles jesund" (89 f.). In Hoprecht verbinden sich Staatsideologie, Minderheitenpolitik und *Militarismus* zum staatstragenden Ideologie-Gemenge. Als „Schule der Nation" (so Moltke) gibt das Militär dem Staatskörper die Form. Die Präsenzstärke des Heeres erhöht sich zwischen 1880 und 1913 um 100 Prozent. Die Rüstungsausgaben steigen im gleichen Zeitraum von 463 auf 1600 Millionen Mark.[75] Oberster Kriegsherr ist der Kaiser. *De iure* ist er auch der Chef der Politik. Da sich aber die Ausbildung der Hohenzollernsprößlinge auf das Militärische konzentrierte und die Verwaltung vernachlässigt wurde, verstand es sich von selbst, daß sich Wilhelm II. auf militärische Fragen spezialisierte.[76] Der Kamarilla der hohen Offiziere war der direkte Vortrag beim Kaiser gestattet. In der unkontrollierten Politik nach Bismarcks Ausscheiden haben hohe Militärs als geheime Schlüsselfiguren entscheidenden Einfluß auf die politischen Entscheidungen des Kaisers genommen. Wilhelm ist und versteht sich auch selbst als alttestamentlicher Anführer eines Heerbannes gegen die Gottesfeinde. Die Kriegserfolge der sechziger und siebziger Jahre haben den Primat des Militärs fundamentiert. Den Kanzlern nach Bismarck gelingt es nicht mehr, Politik und Diplomatie gegen den Militarismus durchzusetzen. Der Militarismus ist aber mehr als ein institutionelles Problem, er umfaßt eine Mentalität, die das gesamte Kaiserreich infiziert. Wertmaßstäbe des Militärs (Ehrenkodex und Verhaltensweisen) werden von allen gesellschaftlichen Gruppen verinnerlicht. Auch und vor allem die Philosophie dient der Legitimation. Hegels „Staatsvergottung" war leicht zu konkretisieren: Staat und Militär werden gleicherweise zum Träger des Weltgeistes und zum Repräsentanten der alleingültigen Sittlichkeit. Kant gehört ebenfalls zu den Opfern: Wormser faßt in seinem unsterblichen Wort zusammen, wie Philosophie mißbraucht werden kann, wenn ihre Abstraktheit nicht mehr verstanden wird: „Der alte Fritz, der kategorische Imperativ, und unser Exerzierreglement, das macht uns keiner nach! Das und die Klassiker, damit hammer's geschafft in der Welt!" (10)

Kants Formulierung des kategorischen Imperativs aber abstrahiert von jeder Staatsform und will eine allgemeingültige apriorische Ethik begründen: „Handle nur nach derjenigen Maxime, durch die du zugleich wollen kannst, daß sie ein allgemeines Gesetz werde."[77] Für Wormser und für die deutsche Staatsideologie ist die Philosophie zu Schablonen geronnen, die als Schablonen mühelos identifiziert und in ihr Gegenteil pervertiert werden können. Die Komplexität dessen, was der Alte Fritz war, und die Komplexität der Kantischen Deduktion lassen sich auf den gemeinsamen Nenner des Exerzierreglements bringen. Die „Klassiker" werden kurz nachgeschoben – Gott weiß, wer gemeint ist. Solche Aperçus enthalten als letztes Glied einer Gedankenkette, was die Mentalitätsgeschichte mühsam belegen muß.

Nicht nur die verkommene Philosophie, sondern auch Theologie und *Kirche* tragen die staatserhaltende Lehre. Von Luthers Exegese des Römerbriefs war allen Staatsbürgern das „Seid untertan der Obrigkeit" im Ohr geblieben. Da sich die *Confessio Augustana* für das Landeskirchenprinzip entschieden hatte, war andererseits das Bündnis von Thron und Altar bis 1918 festgeschrieben. Die katholische Kirche wurde als römisch diffamiert, weil sie den Provinzialismus und Nationalismus des protestantischen Preußen zu unterminieren drohte. Der Kaiser und König war Summus Episcopus (oberster Bischof) der preußischen Staatskirche. Was bei Luther angelegt war, die Provinzialisierung der Religion, führt nun zur Allianz von Protestantismus und Nationalismus. Die Szene, die die Anfänge des Kaiserreiches zeigt, fängt auch den Verfall von Theologie und Kirche ein. Der Gefängnisdirektor, der die Schlacht von Sedan strategisch analysiert, redet und agiert in der Gefängniskapelle und im „Gottesdienst". Er vertritt seinen Kaiser als obersten Kriegsherrn und Oberhaupt der protestantischen Landeskirche in einer Person. Der Anstaltsgeistliche hat deshalb beim Gottesdienst bald nichts mehr zu sagen und verschwindet von der Bühne der Zuchthauskapelle. Der Direktor erledigt beides: den Kaiser und den lieben Gott zu vertreten. „Bis hierher hat uns Gott geführt in seiner großen Güte" (53), singt dazu der Gefangenenchor. Der protestantische Choral ironisiert nicht nur die Situation der Singenden, sondern auch die des Deutschen Reiches. Die Schlacht von Sedan selbst scheint ein Erfolg der Gnadenwahl Gottes zu sein. Deutschland scheint die

Nachfolge des auserwählten Volkes angetreten zu haben: Man greift lieber auf das Alte Testament, die Landverheißung, das Gottesgnadentum, die Lehre vom Heiligen Krieg zurück als auf die Friedensbotschaft des Neuen Testaments. Da macht es denn nichts, daß der Gott des Alten Testaments der Gott der Juden ist.

4.2
Der sprechende Raum

Die Zeit wirkt auf den Raum ein. Auf der Bühne ist der Alltag des Wilhelminischen Deutschland im Detail präsent. Das „Milieu" ist selbst ein Akteur. Der Raum wird nicht pittoresk bestückt, um den Zuschauer auch etwas sehen zu lassen und für die Dürftigkeit der klassischen Bühne zu entschädigen. Der Raum ist ein anderer Ausdruck der Figur. Welt und Gesellschaft dringen nach der Sprengung des aristotelischen Gesetzes von der Einheit des Raumes in den Raum ein und spielen in der Geschichte des Helden mit. Zugleich veranschaulicht der Raum den *„moment"*, den psychischen Zustand des Helden. Deshalb wechselt der Szenenort in rascher Folge: Szenenwechsel bedeutet immer auch Ortswechsel. Kein Lebensraum Voigts wird ausgespart. Voigt wird in die Amtsstuben geführt und in die Uniformladen, ins Bordell und ins Pissoir. „Der realistische Dichter" – so formuliert ein Theoretiker des Naturalismus –, „soll das Leben schildern, wie es ist"[78]. Er zeigt deshalb die komplette Großstadtwelt.

Der soziale Raum. Die Szene durchmißt in stetiger Folge die Räume, die die sozialen Gruppierungen des Schauspiels beleben.[78a] Beispielhaft der zweite Akt: Zwei Szenen spielen in „oberen" Rängen. Dreimal wird in die „bürgerliche Wohnstube" der Hoprechts eingeblendet (8., 12., 14. Szene). Zweimal dann sehen wir die Welt des Außenseiters im Souterrain, im Gefängnis und auf dem Polizeirevier. Die Szenenfolge in der bürgerlichen Wohnstube bildet die Mittelachse in der Alternation der Szenen und im sozialen Raumgefüge. Der Raum hat thematische Bedeutung: Er ist der Ort der Bürgerlichkeit, den Voigt anstrebt, die Heimat, die ihn zur Ruhe brächte. Der Akt umkreist diesen Ort als Ruhepunkt, zeigt aber auch, daß die bürgerliche Wohnstube ein Oberstübchen verbirgt, in dem das kranke Mädchen dahinvegetiert. Die gesellschaftlichen Mißstände wirken in den umfriede-

68

ten Raum hinein. Gleichfalls raumsymbolisch endet der Akt mit dem Auszug Voigts aus dem mittleren Raum. Die Logik des Ortswechsels drängt nach Fortsetzung: Mit dem Verlassen der sozialen Mittelachse pocht Voigt „an de Weltordnung" (92), er wählt den Weg nach oben, um den endgültigen Abstieg zum Ort der Deklassierten zu verhindern: In die soziale Mittelachse ist auch das dramatische Problem verlagert. Nur hier ist das Bewußtsein präsent, das dem arrivierten Bürgertum abgeht. Während sich in der Wohnstube die Figuren dem Problem von Recht und Gerechtigkeit stellen, das den Horizont ihres Raumes weit überschreitet, wird die bessere Gesellschaft nach bewährtem Komödienschema durch ihren Raum entlarvt: Familie Obermüller wird aus der Kammerdienerperspektive im prätentiösen Schlafzimmer gezeigt. Im Luxuslokal enthüllen gutsituiertes Bürgertum und adliges Militär freizügig ihre moralische Dekadenz. Die Raumausstattung verzichtet auf die schöne Front und führt hinter die Kulissen. Dem entspricht die Handlungsführung in komplementären Strängen: Die Uniform befindet sich in der Hierarchie der Räume nur scheinbar noch oben, Voigt nur scheinbar noch unten.

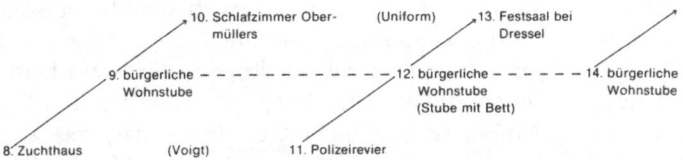

Der Aufbau des Raumes. Der Schauplatz unterliegt demselben Schematismus, dem die ihn ausfüllende Gesellschaft unterworfen ist. Die Fenster sind geschlossen. Aktenschränke mit „viel Papier" reihen sich an den Wänden, die Fetische (Gendarmensäbel und Pickelhaube), Ordnungsvorschriften und natürlich das Kaiserbild zieren die kahlen Mauern. Der Raum ist in sich geschlossen, er beengt, er verspricht keine Freiheit. Sogar „muffige Luft" (12) müßte der Regisseur erzeugen, um den optischen Eindruck zu bestätigen. Alle sind mit der Totalität ihrer Sinne eingesperrt. Der Kommunikationsunfähigkeit der *dramatis personae* entspricht die räumliche Kontaktlosigkeit: „Oberwachtmeister und

Wachtmeister sitzen einander gegenüber an Schreibtischen", Voigt steht „hinter einer niedrigen hölzernen Schranke" (12). Die Schranke ist das Zeichen der Isolation. „Das Zimmer wird zum Kerker des Ich."[79] Kerker sind die Amtsstuben, die Büros, die engen Räume der bürgerlichen Wohnstube und das Zuchthaus selbst.

Der Raum hinter der Schranke stapelt „viel Papier" – ein Zeichen für die Entfremdung des Menschen in einem solchen Raum. In der Welt als Amtsstube sind Mensch und Papier auswechselbar: „'n Papier, det is doch mehr wert als de janze menschliche Konstitution (...)" (17).

Das Requisit. Das Requisit verstellt den Lebensraum der Figur, es nimmt ihr die Luft. Die Personen werden von den Dingen überwältigt, „verdinglicht".[80] Wormsers Uniformladen ist vollgepfropft mit den Varianten des einen Dings. Die Bühne strotzt nur so von Uniformstücken, Helmen, Mützen, Säbeln, Lackreitstiefeln, Uniformknöpfen, Epauletten, Feldbinden und militärischen Bildern (vgl. 7). Die Häufung will mehr bezwecken als naturalistischer Detailrealismus.

Wenn das Ding die Personen verdinglicht, lebt es seinerseits auf, wird zur Figur, zur alles einengenden und vergewaltigenden Macht. Das Requisit der Requisiten unterwirft sich die Personen, das Geschehen und den Raum, es „be-dingt".

Die Natur. Nur konsequent, daß Zuckmayer der Natur kein eigenständiges Recht zubilligt. Alles spielt sich zwischen drei Wänden ab. Das Elementare, das nicht Geordnete, das, was Zuckmayer als das „Leben" versteht, ist ausgeschlossen. Man muß sich vor Augen halten, was dieser Verzicht für den Dichter der Heimat, den mit dem natürlichen Raum verwurzelten Rheinhessen Zuckmayer, bedeutet. Zuckmayers erstes Lustspiel, *Der Fröhliche Weinberg*, spielt fast ausschließlich in natürlicher Umwelt, im Raum einer durch Schönheit und Heiterkeit bestimmten dionysischen Mosellandschaft. Der Weinberg, Mutter Erde, spielt selbst die Hauptrolle. Voigt kennt diese Erde nur noch aus der Erinnerung. Sie erscheint im Traum: „De Erde, die is lebendig, det merkste daran, daß se sich vaändert. (...) Aber de richtije bessere Erde, die wächst in de Höhe, die türmt sich rauf, weißte? (...) Da droben, da is zum Beispiel ‚Rosenquarz' oder ‚Bergkristall'." (75) In die enge Dachkammer, in der diese Phantasie entworfen wird, fällt nur der Nachschein solcher an Stifter erinnernden Naturgewalt.

Nur in einer Szene darf die Natur selbst auf der Bühne präsent sein. Aber diese Natur ist nicht die elementarische, ursprüngliche der Heimat, sondern die der Rationalität des Menschen unterworfene des Französischen Parks von Sanssouci. Sie ist Gestalt gewordener preußischer Pflichtbegriff: „Du, diese langen graden Alleen machen mich immer ganz stolz." (96) Auch die Natur ist dem Strammstehen unterworfen. Sie darf nur als *nature morte* auf der Bühne figurieren, als der totgesagte Park.[81]

Choreographie. Im Naturraum des *Fröhlichen Weinbergs* nehmen die Figuren den Raum ein, beanspruchen ihn und füllen ihn aus. Der Raum läßt zu, daß die Bewegung ausgreift, unkontrolliert, ja exzentrisch aus der Rolle fällt. Hier dagegen, im statischen Raum der Amtsstuben, ist der Aktionsradius der Figur begrenzt, die Bewegungsabläufe sind geordnet, Gruppierung, Haltung und Gebärde vom Exerzierreglement vorgeschrieben. Die Choreographie läßt Voigt nur einen Weg: den bis zur Schranke und den Rückzug auf demselben Weg. Die bessere Gesellschaft darf nur, auf dem Maskenball aus der Rolle fallen und die Bühne mit Tumult erfüllen. Die Lizenz, gelegentlich aus der Norm ausbrechen zu dürfen, gehört zum Wesen des normierten Lebens.

Nur einmal wird der trennende Raum überwunden. Der sonst im Raum verloren wirkende Voigt findet einen „Halt": Ironischerweise hält er aber die Hand des kranken Mädchens (vgl. 73), von dem sonst nichts zu sehen ist. In dieser Geste überwinden die Entrechteten pantomimisch die Schranke des gesellschaftlichen Reglements, das das Verhältnis aller anderen Individuen zueinander bestimmt. Dieses „Bild" nimmt eine Konstellation aus dem Schlafzimmer der Familie Obermüller wieder auf. Über der Eheburg, auf dem dort die „junonische Erscheinung" der Frau – ein Gegenbild zum lungensüchtigen Mädchen – thront, hängt der Adam Michelangelos (vgl. 65): Zwei Finger, der des Schöpfers und der des Geschöpfs, haben sich getrennt, der Schöpfer hat das Geschöpf in seine Freiheit entlassen. Die Geste spricht vom verlorenen Halt und von der trennenden Wirkung des Raumes.

Der akustische Raum. Bevor überhaupt ein Raum ist, ist die Musik. Noch ist auf der Bühne nichts zu sehen. Der Zuschauer muß dem Aufzug und Abzug einer ganzen Militärkapelle lauschen, bevor sich der Vorhang hebt. Sie spielt den Armeemarsch Nr. 9, den Lieblingsmarsch Wilhelms II. Auch nach dem *decrescendo* tritt keine Stille ein. Die Musik begleitet als Generalbaß die ganze erste Szene (vgl. 7). Mit dieser Musik ist im Grunde alles schon gesagt. Die siebte Szene dagegen inszeniert den Vorgang spiegelbildlich verkehrt: Ferne Militärmusik kommt während der ganzen Szene näher. „Prachtvoll, so'n alter Preußenmarsch, was? Das reißt ein'n hoch, das geht ein'n in die Knochen!" (51), kommentiert Wormser. Hier erfüllt die Musik dieselbe entrationalisierende Funktion, die das Militär ausübt: Sie geht „ein'n in die Knochen" und nicht ins Gehirn. Mit dem Fallen des Vorhangs vollzieht sich das große *Crescendo*. Die Musik schwillt „mächtig" (52) an, wie zu Beginn. Wieder ist die Szene dunkel: Das Märchen von der Uniform löst sich aus dem Musikdunkel des Anfangs und sinkt in die Endmusik zurück. Natürlich ist Wabschke für solche Musik und solche Kommentare unempfänglich: „Da kann 'n Laubfrosch Polka tanzen lernen." (52) Nur die Ironie kann die vergewaltigende Macht der Musik paralysieren.

Die Musik ist allgegenwärtig wie das Bild des Kaisers. Zu ihrem Wesen gehört aber die Zweideutigkeit. Sie hat nicht nur systemstabilisierende Funktion, sondern sie ironisiert auch durch den Kontrast. Sie allein vermag es, den Kerker der Szene zu sprengen. Trotz geschlossener Fenster durchdringt und weitet den Raum der Amtsstube das „Potsdamer Glockenspiel" (12). Zu seiner Melodie aus Mozarts *Zauberflöte* („Ein Mädchen oder Weibchen") sind die Worte Höltys („Üb immer Treu und Redlichkeit") hinzuzudenken, auf die sich die Anspielung bezieht.

Was also von draußen in die Enge hineintönt, widerlegt das, was im optisch wahrnehmbaren Raum geschieht. Die Bürokratie hat die Wahrheit des Liedes vergessen: Voigt versucht gerade jetzt, Treu und Redlichkeit zu üben und den legalen Weg zu beschreiten, während die Staatsvertreter papierenes Gesetz exekutieren. Voigt wird hier bereits aus der Weite des akustischen Raumes zugetragen, daß Treue und Redlichkeit ins kühle Grab der Isolation führen. Die Musik enthält schon den Impuls zum einzigen Freiheitsakt seines Lebens.

Verspricht die Musik hier die Freiheit, so ein andermal den Schein der Freiheit. Wieder setzt sie den Kontrapunkt zu dem, was auf der Bühne geschieht. In der Dachkammer des Mädchens ist die Raumenge zum Ausdruck der Angst geworden, die Klaustrophobie („Aber du läßt de Tür offen, nich?") eine andere Form existentieller Bedrohung („un denn wird det Fenster so blank, so weiß – wie 'n Auge –", 77). Die Schnulzen der Hofsänger weiten diesen Angstraum und versprechen, wenn auch falsch, Hoffnung und Glück.

Die Musik, die universale Kunst, die ins Korsett des Exerzierreglements gepreßt werden soll, befreit sich selbst und hebt die Grenzen der Uniformiertheit auf. Noch im Schlagertext vermittelt sie etwas vom Witz, den das „Volk" gegen die Gleichschaltung setzt. In der dritten Szene grölt der Grenadier das „Lied vom Reservemann". Der Reservist, der seinen Abschied vom Militär feiert, singt seinen Schlagertext auf eine Marschmelodie. Schon früh war es in Preußen-Deutschland üblich, die martialische Einförmigkeit des Marschrhythmus durch einen spritzigen oder ordinären Text zu relativieren. Der Text, auf den Petersburger Marsch gesungen, müßte heißen: „Denkste denn, denkste denn, / Du Berliner Planze, / Denkste denn, ich liebe dir, / Wenn ich mal mit dir tanze?"[82] Der Grenadier ist freilich nicht mehr ganz sicher in Rhythmus und Text (vgl. 29), so daß Situation, Zitationsweise und Marschkontrafaktur gemeinsam die Verfremdung und Ironisierung des Militarismus bewerkstelligen.

Ob Schnulzen, sentimentale Operettenmelodien oder Choräle gesungen werden: Die Musik transzendiert den Raum. Der Zuschauer muß mit allen Sinnen wach sein, um das Bedeutungsspiel der sinnlichen Reize aufeinander zu beziehen. Musik, in welcher Form auch immer, ist ein „Urerlebnis"[83] Zuckmayers, sie repräsentiert die Urkraft des Lebens und der Natur. Sie ist die Kunst, die am entschiedensten die Individuationsgrenzen in einer allgemeinen Sprache aufhebt und etwas ahnen läßt vom vorgesellschaftlichen Zustand: „Dort, wo die Organisation aufhört, beginnt erst das Organische."[84]

5
Die Motivik

Musik verbindet nicht nur Drinnen und Draußen im Bühnen-
raum, sie hebt die Isolation der Szenen und Räume untereinander auf und bewirkt eine *liaison des scènes*, indem eine Themen-
folge ein wirkungsvolles Beziehungsgeflecht spinnt. Es hat musi-
kalische Qualität dadurch, daß es gewandelt und moduliert, parallelgeführt oder kontrastiert wird. Es formt die strukturelle Substanz der Sprachpartitur, weil es mit den Themen von Sein und
Schein sein dialektisch-kontrapunktisches Spiel treibt.

5.1
Die Uniform

Der Weg der Uniform ist schon in der Strukturskizze verfolgt
worden. Ein Schema soll diese Beobachtungen zusammenfassen
und zugleich die „Partitur", die quasimusikalische Linienführung,
die Verarbeitung des Motivs durch Parallelismus, Kontrast, Dimi-
nution und Umkehrung veranschaulichen.
Zur Erläuterung:
– Die Biographie der Uniform und die Biographie Voigts sind
streng parallelgeführt. Im ersten Akt ist die Biographie der Uniform identisch mit der ihres ersten Besitzers von Schlettow.
– Die Degradierung der Uniform durch Schlettows ehrenrühriges
Verhalten findet im ersten Akt noch einen genauen Parallelismus
in Voigts Inhaftierung.
– Solange die Uniform in offizieller Funktion ist, spitzt sich
Voigts Existenzsituation tragisch zu. Auch im zweiten Akt dominiert der Parallelismus. Der Zeitensprung erlaubt es, die Uniform
noch weiter verfallen und ihre offizielle Funktion verlieren zu lassen. Währenddessen stagniert Voigts Leben, ein weiterer Abstieg
ist nicht mehr möglich.
– Die Strukturlinien verlaufen also, obwohl der Schein der Uniform mehr und mehr verblaßt, in größtmöglicher Distanz. Nur in
der ersten Szene begegnen sich die beiden Handlungsträger in einem sehnsüchtigen Augenblick.
– Indem der dritte Akt die beiden zusammenführt, beginnt die
eigentliche Modulation des Themas. Durch die „Hochzeit" der

DER WEG DER UNIFORM

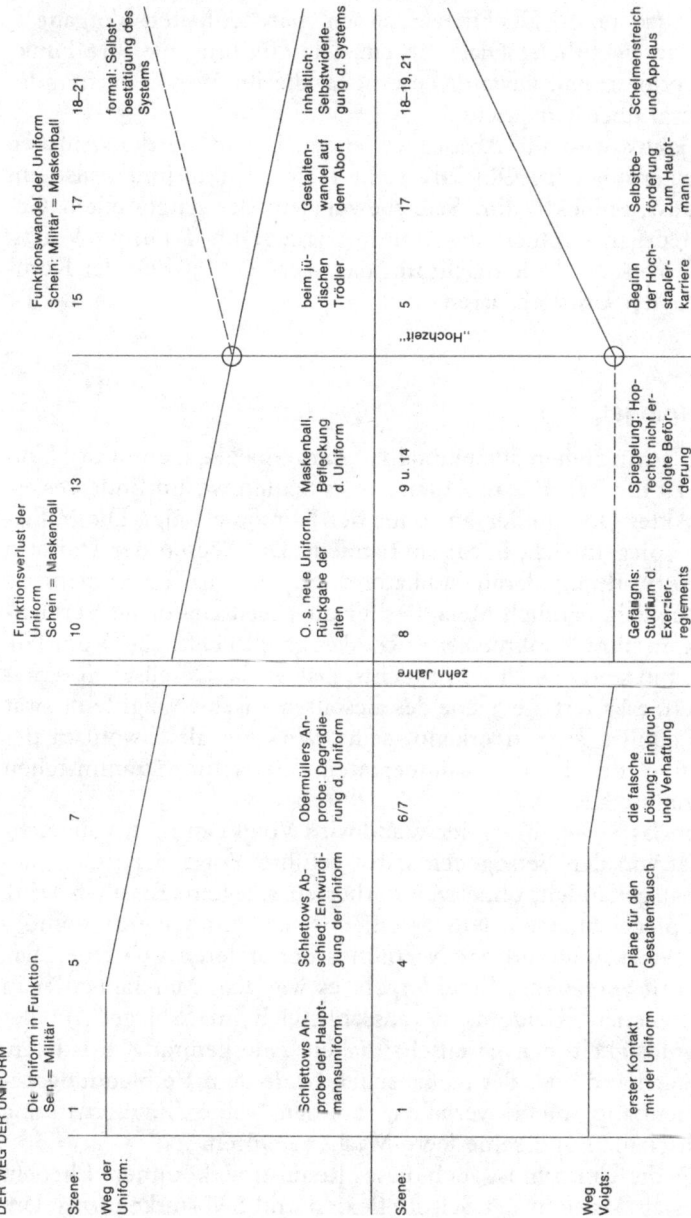

Die Uniform in Funktion. Sein = Militär

Funktionsverlust der Uniform. Schein = Maskenball

Funktionswandel der Uniform. Schein: Militär = Maskenball

Szene:	1	5	7	10	13	15	17	18–21
Weg der Uniform:	Schlettows Anprobe der Hauptmannsuniform	Schlettows Abschied: Entwürdigung der Uniform	Obermüllers Anprobe: Degradierung d. Uniform	O. s. neue Uniform, Rückgabe der alten	Maskenball, Befleckung d. Uniform	beim jüdischen Trödler	Gestaltenwandel auf dem Abort	formal: Selbstbestätigung des Systems / inhaltlich: Selbstwiderlegung d. Systems

zehn Jahre

"Hochzeit"

Szene:	1	4	6/7	8	9 u. 14	5	17	18–19, 21
Weg Voigts:	erster Kontakt mit der Uniform	Pläne für den Gestaltentausch	die falsche Lösung: Einbruch und Verhaftung	Gefängnis: Studium d. Exercierreglements	Spiegelung: Hoprechts nicht erfolgte Beförderung	Beginn der Hochstaplerkarriere	Selbstbeförderung zum Hauptmann	Schelmenstreich und Applaus

beiden (so nennt Zuckmayer diesen märchenhaften Vorgang[85]) setzt die eigentliche Dialektik ein. Die Uniform, die ihre Funktion verloren hat, gewinnt eine neue, die ihr Wesen entfremdet und ihm doch entspricht.

– Objektiv wird ihr Abstieg vollendet, indem sie den Aufstieg Voigts ermöglicht. Objektiv stehen die Strukturlinien also im Kontrast. Subjektiv (im Selbstbewußtsein der dargestellten Gesellschaft) triumphiert die Uniform erneut im Triumph Voigts. „Kein Volk der Erde macht uns das nach" (121), heißt der Kommentar der Unbelehrbaren.

5.2
Der Spiegel

Irgendwann stehen alle einmal vor dem Spiegel, die mit der Uniform zu tun haben. Am Anfang ist es Schlettow, am Ende des ersten Aktes Obermüller, am Ende der Komödie Voigt. Die Militaristen spiegeln sich, bevor sie handeln. Das Wesen der Uniform ist ihre Wirkung, deren Indikator der Spiegel ist. Er ist mehr als ein Requisit, nämlich Metapher für die gesellschaftliche Verblendung. In ihm konkretisiert sich das gesellschaftliche Vorurteil. Ohne ihn wäre die Uniform nichts. Daß er die Gesellschaft repräsentiert, erläutert die Szene des Gestaltentauschs. Voigt fehlt zwar das Requisit, aber er erkennt seine Wirkung gleichwohl in der Reaktion der beiden Bahnbeamten, die sofort strammstehen (siebzehnte Szene).

Vor das Spieglein an der Wand wird Voigt erst nach vollbrachter Tat von den Betrogenen selbst geführt. Voigt, der Eulenspiegel, hat gehandelt, ohne sich vorher zu spiegeln. Er allein weiß, daß Spiegel blenden. Nur er erkennt sich mit seinem „unmöglich" selbst, während der Narzißmus der anderen sich eine Märchenwelt vorgaukelt. Ihnen ergeht es wie dem Märchenkaiser in seinen neuen Kleidern, die ausschließlich im „Spiegel", in der Wesenlosigkeit der gesellschaftlichen Anerkennung existieren. Nur das Kind oder der Außenseiter, beide dem Verblendungszusammenhang nicht verfallen, können seine Zauberwirkung durchschauen und seine leere Macht zerstören.

Wie die Uniform ist auch dieses Requisit verkommen. Ehedem galt es als Medium der Selbstreflexion und Selbsterkenntnis. Um

Spiegelung zu ermöglichen, mußte eine Substanz vorhanden sein, die im Gegenbild erscheinen konnte. Der Wesenlose konnte sich nicht spiegeln, weil nichts re-flektierte. Hier dagegen wird die Existenz erst durch die Widerspiegelung begründet.

Deshalb auch sind die Stationen des Stücks ein System wiederholter Spiegelungen: immer dasselbe, nur neu gespiegelt.

5.3
Die Ordnung

„Ordnung muß sind" (47): Dieser Satz hat universale Gültigkeit. Keine der Figuren zweifelt ihn an. Der Streit geht nur um die Frage, welche Ordnung gelten soll, die formale der sich spiegelnden Privilegierten oder die, die die Grundrechte des Menschen verbürgt. Der Begriff changiert zwischen diesen beiden Bedeutungsbereichen. Die ersten Worte des Stücks schon reihen ihn in die bezeichnende Motivkette („Uniform" – „Gefühl") ein: „Nee, nee, Wabschke, mit der Uniform da stimmt was nicht. Da is was nich in Ordnung. Das hab ich im Gefühl." (7) Die Gegensatzbegriffe sind für den Hüter der Ordnung synonym, so wie „Ordnung" und „Mensch" als Synonyme gelten: „Sehnse zu, daß Sie 'n ordentlicher Mensch werden" (16).[86]

Im ersten Akt führt Zuckmayer das Thema in jeder Einzelszene ein, gleichsam als Grundthema der dramatischen Ouvertüre: Es sind die beiden Kontrahenten, die Uniform und Voigt, um die sich das Motiv rankt. Wann immer die Uniform auftritt, wird sie vom Thema begleitet, einmal in negativer, einmal in positiver Formulierung: „Da is was nich in Ordnung" (7); „(...) jetzt is in Ordnung" (35); „So, jetzt ist alles in Ordnung." (51) Freilich ist sie dann, wenn sie für „in Ordnung" erklärt wird, längst aus der Ordnung geraten. In den Szenen 1, 2, 4 und 6 umfaßt die „Ordnung" alles, was gegen Voigts unordentliche, also menschliche Existenz eingewandt werden kann. Es sind die Funktionäre, der Oberwachtmeister, Knell, der Herbergsvater (vgl. 16, 33, 47), die mit dem Begriff „de janzen Kasernen", „de Zuchtheiser", „'n Reichstach und ieberhaupt allens" (47) legitimieren. Nur in der dritten Szene klingt das Motiv nicht an; denn in ihr wird das Chaos gezeigt, das unter der ordentlichen Oberfläche brodelt und die „Kaserne" in die Luft sprengen könnte.

Die zentrale Diskussion zwischen Hoprecht und Voigt im zweiten Akt, die schon untersucht worden ist, hat dann die andere Ordnung, die der aufgeklärten Vernunft, zum Gegenstand, die dem Menschen als Zweck an sich den Primat zugesteht.

Voigt verzichtet auf den Anspruch, ein menschenwürdiges Lebensgefüge herstellen zu wollen, und unterläuft die menschenverachtende Organisation, indem er sie imitiert und spiegelbildlich verkehrt. „Bringen Sie mal gefälligst ihre Kleider in Ordnung", herrscht er bei der Rathausbesetzung den Inspektor an, der das System vergessen und im Beamtenschlaf zum Menschen geworden war. Zeichen der gefährdeten Ordnung ist der geöffnete Uniformknopf. Darauf reagiert der Betroffene mit einer Freudschen Fehlleistung: Er „faßt nach der falschen Stelle, dann hastig zum Halskragen" (109). Die „falsche Stelle" da unten, die eine Büchner-Figur als den Sitz des freien Willens bezeichnete, könnte als einzige die Ordnung gefährden. Die Dominanz des Realitätsprinzips machen aber nur Schlaf und Traum zunichte. Voigt hat diesen Kampf von Lustprinzip und Realitätsbewußtsein im Inspektor beobachtet und verstanden. Er tröstet über den Lustverzicht hinweg, indem er wörtlich die Sentenz aufgreift, mit der der Herbergsvater die Existenz der Kasernen und Zuchthäuser rechtfertigte: „Na ja, Ordnung muß sein." (109) Die Pantomime zeigt in einfacher Anschaulichkeit den Mechanismus, durch den sich das gewaltige Über-Ich gegen das Elementare des Triebes durchsetzt. Anthropologisch und soziologisch ist in der Welt des Uniformismus das „Gefühl" in die Unterwelt verbannt. Den Augenblick, in dem es entfesselt wird, läßt Zuckmayers Stück erahnen.

5.4
Der Mensch

Zuckmayer wollte ein „Menschenbild" „beschwören"[87]. Durch den alles übertönenden Akkord der Motive „Uniform", „Spiegel" und „Ordnung" hindurch kann sich das eigentliche Grundmotiv erst nach und nach Gehör verschaffen. Vom Menschen zu reden, wie es im später unterdrückten Motto heißt („‚Nein', sagte der Zwerg, ‚laßt uns vom Menschen reden! Etwas Lebendiges ist mir lieber als alle Schätze der Welt!'"), ist nicht so einfach, wenn das

gesellschaftliche Motto „Wie der Mensch aussieht, so wird er an-
jesehn" (31) Geltung besitzt.

Schlettow will wissen, daß der Mensch erst durch „Dienst"
zum Menschen wird (vgl. 25). Dasselbe Ergebnis soll Wormsers
Berufung auf den kategorischen Imperativ erzielen. Kant formulierte ihn, um durch ihn die Würde des Menschen zu begünden:
Indem die Vernunft sich ihr Gesetz selbst gibt, kann ihre Ordnung nie den Menschen allein als Mittel einer Handlung miß-
brauchen. Der „Dienst" Schlettows verkehrt also den kategorischen Imperativ in sein Gegenteil.

Was Kant wollte, vertritt Voigt. Er hält das Pathos aufrecht,
daß es einen Platz gibt, wo der Mensch hingehört (vgl. 17), daß
der Mensch seine Muttersprache hat, die ihm bleibt, auch wenn
er nichts mehr hat (vgl. 15), daß der Mensch einen Menschen
braucht, mit dem er ein Wort sprechen kann (vgl. 63), daß er
ohne Heimat kein Mensch mehr ist (vgl. 90), daß der Mensch
nicht Mittel, sondern Zweck des Ganzen ist (vgl. 89, 108). Voigts
Position vertritt, wie immer, auch Wabschke: „Wenn eener 'n
richtiger Mensch is, det is doch die Hauptsache, nich?" (36) Solch
schlichte Anthropologie vermag aber Schlettow nicht über das
Ende seiner Karriere hinwegzutrösten. Er entschließt sich, nicht
Mensch zu werden, sondern preußischer Junker zu bleiben. Die
dagegen, die sich gegenseitig bestätigen, daß sie eine „Seele von
Mensch" (60, 64) sind, Frau und Herr Hoprecht, finden ihr
Menschsein nur noch im engsten privaten Bereich. Die Opport-
unisten schließlich machen sich die Mühe nicht mehr, nach der
Würde zu fragen: „Aber der Mensch, der Mensch fängt erst beim
Leutnant an, is nich so, is nich so?" (49)

Das Fazit spricht Hoprecht aus: „Der Mensch", der gegen die
Reduktion des Menschlichen antritt, „is ja gefährlich" (91). Der
Entsubstantialisierung der menschlichen Existenz begegnet Voigt
mit einem Wortspiel, durch das erhellt wird, daß Preußen-
Deutschland hinter die Errungenschaften des achtzehnten Jahrhunderts zurückgefallen ist: „'n Papier, det is doch mehr wert als
de janze menschliche Konstitution (...)" (17). Voigt spricht von
einer menschlichen „Konstitution", die erst durch die gesellschaftliche „Constitution" gewährleistet ist. 130 Jahre nach der
amerikanischen *Constitution* sind die Rechte des Menschen in
Deutschland immer noch „Papier".

5.5
Der aufrechte Gang

Dem „Gehen" hat Zuckmayer einen großen Essay („Die langen Wege") gewidmet. Es ist ihm Ausdruck der Vitalität, Produktivität und Zielgerichtetheit der Existenz. „Gehen" heißt denn auch im *Hauptmann von Köpenick* die metaphorische Motivklammer, die die zahlreichen Varianten der Zielstrebigkeit und der Stagnation zusammenhält. Die Frage ist, in den Metaphern des Stücks ausgedrückt, ob es Wilhelm Voigt gelingt, „hinten hoch zu können" (24), oder ob er auf der „schiefen Bahn" „ejal immer wieder runter" rutscht (14).

Die Rede von der schiefen Bahn wird für Voigt zum Leitmotiv mit existentiellem Gewicht. Er ist die Laus auf der Glasscheibe, der die Gesellschaft keine Resozialisierung einräumt. Variiert wird das Leitmotiv vom „krabbeln" im Wortspielfeld von „sitzen" und „stehen": „Wer jesessen hat, muß wieder uffstehn. De Hauptsache is, daß der Mensch noch hinten hoch kann." (24) In der nächsten Variation übernimmt Voigt das Motiv von Knell und entfaltet das in ihm enthaltene metaphorische Bedeutungsspektrum:

> „KNELL (…) wo hamse gestanden?
> VOIGT Gestanden? – Ick hab nur gesessen." (33)

Das Motiv geht nun auf Hoprecht über, wenn er die Resignation mit dem Fortschritt identifiziert: „Jetzt stell dir man auf de Hinterbeine und halt 'n Kopp oben. (…) Schwamm drüber, und Augen gradeaus! Die Beene jehn schon von selbst!" (63) Er vertraut darauf, daß das preußische Kommando zur Folge hat, was sich Wormser von der preußischen Musik verspricht: daß alles wie von selbst geht (vgl. 51). Plastischer ließe sich kaum veranschaulichen, was es mit dem Mechanismus der Lebensordnung auf sich hat und was nach Hoprechts Überzeugung den aufrechten Gang des Menschen ausmacht: den Marschtritt der Ordnung mitzugehen. Voigt dagegen weiß, daß eine Laus, die immer wieder auf der Glasscheibe hinunterrutscht, in der Gefahr steht, den Boden selbst, auf dem sie krabbelt, zu zerstören: „Wenn's nochmal losginge – so runter – denn wär's nämlich aus. Dann gäb's 'n Malör" (63). „Auf-die-Hinterbeine-Können" und „Über-die-Berge-Gehen" verwachsen deshalb für Voigt zu einer Bildeinheit. Jetzt gewinnen die Berge, der Ort des Unbehausten, die emotionale Qualität einer Heimat für den Heimatlosen, des Ziels, auf das alle seine Kräfte ausgerichtet sind.

Das Motiv vom Strammstehen erst sagt deutlich, was die Metapher vom aufrechten Gang in Hoprechts Aufforderung freundlich und falsch umschreibt. Es ist aufs engste verknüpft mit dem Motiv und Zaubergegenstand des Spiegels. Voigts Spiegelbild kommentiert der Kriminaldirektor: „Das fährt einem in de Knochen, da steht man von selber stramm, was?" (128) Die Redensart entlarvt in böser Doppeldeutigkeit das Erfolgsgeheimnis Voigts oder der Uniform just in dem Moment, in dem die Uniform sich bespiegelt. Gleich zu Beginn, als noch Schlettow vor dem Spiegel steht, wird das Motiv von Wormser eingeführt: „Willy, halt dich grad!" (9) Willy, der zudem noch das Feuilleton liest und sich für Gerhart-Hauptmann-Premieren interessiert (vgl. 48), ist für das Strammstehen verloren. Strammstehen und Sich-Spiegeln sind fatal identisch. Steht Obermüller vor dem Spiegel, verbinden sich beide Motive mit dem Marschmotiv: „So'n alter Preußenmarsch" „geht ein'n in die Knochen" und „reißt ein'n hoch" (51). Gerade jetzt trägt Obermüller die Uniform, mit deren Hilfe Voigt ,hochkommen' wird. Wabschke ist es wieder einmal erlaubt, das Motivgewebe in einem übertreibenden Bildbruch zu ironisieren, als Schlettow, schon desillusioniert, ein letztes Mal den Spiegel befragt: „Da reißt der Spiegel de Knochen zusammen. Man hört'n orntlich knacken." (35) Schlettow hört's und versteht nichts.

6
Die Sprache der Figuren

6.1
Die Sprache der Herrschenden

Die Zeit Voigts war reif für Hochstapler. In den Zeitungen jagten sich Meldungen über Betrüger, Falschmünzer und Verkleidungskünstler. Der Schauspieler auf dem Thron war selbst Vorbild. Die beiden berühmten Hochstaplerromane der Zeit, Heinrich Manns *Untertan* und Thomas Manns *Felix Krull*, hatten auch immer den Allerhöchsten Gaukler im Visier. Wilhelm II. stapelte in Worten hoch. Er sprach über Gott und die Welt.

Die beiden Lieblingsbeschäftigungen des Kaisers, das Redenhalten und das Manöverspiel, spiegelt Zuckmayer auf niedrigster Ebene, in der Gefängnisszene. Die Sprachattrappe, die der *Gefängnisdirektor* produziert, hätte auch von seinem Kaiser fabriziert werden können. Diese „Redefertigteile"[88] brauchen zum speziellen Zweck nur geklittert zu werden. Das sprachliche Produkt geht über die Widersprüche, die sich durch die Situation ergeben könnten, hinweg.

Die Hohlheit seiner Rede verbirgt sich hinter dem Superlativ und dem „schmückenden Beiwort", wie man es damals nannte. Eine Hochspannung des Gefühls durchzieht die Rede, die unwahr ist. In der Häufung des Attributs, in der barocken Reihungstechnik verdeckt die Rede das Uneigentliche der emotionalen Ausbrüche. Das hochwertige Substantiv im Verein mit dem nicht minder hochwertigen Adjektiv soll die Leere des Klischees vergessen machen. Wenn die Worte dann entgleisen, macht das nicht viel, weil der Hörer nicht das Einzelwort, sondern das Gesamtpathos aufnimmt:

> „Sechzig Millionen deutsche Herzen schlagen höher bei dem Gedanken, daß heute vor vierzig Jahren unser glorreiches Heer auf blutiger Walstatt den entscheidenden Sieg errang, der uns erst zu dem gemacht hat, was wir sind. Viele unserer Mitbürger gedenken heute in stolzer Freude eines ihrer Anverwandten, der diesen Sieg mit erringen half." (55)

Es macht überhaupt nichts, daß das glorreiche Heer und die blutige Walstatt in einer Art Oxymoron[89] sich widersprechen, denn die blutige Wirklichkeit hat keinen Ort in der Rede, die auf bloßen Ausdruck aus ist. Die Zuhörer, die durch Kaisers Reden konditioniert sind, stimmen sich ein und lassen sich von „stolzer Freude" auf den Tod erfüllen. Die Rede geht unmittelbar in das Schauspiel von der Schlacht von Sedan über; sie ist ästhetischer Schein. Im Reden eine neue Realität zu schaffen: Das war das Kunststück, das noch die Nazis bei Kaiser Wilhelm gelernt haben.

Diese andere Realität schafft die Rede am einprägsamsten durch ihre Metaphorik. Das antike Ideal der Klarheit des Ausdrucks ist ihr fremd, weil der Redeschmuck seinen Sinn in sich selbst hat. Der Redner greift zum archaisch-heroischen Vokabular, um den Schrecken des Krieges euphemistisch[90] zu übermalen. Die Beschwörung germanischen Reckentums soll den Krieg des Kollektivs und des Materials vergessen machen. Zugleich gewinnt der Germanismus („Walstatt") religiöse Dimensionen („hohe Mission"):

„Auch diejenigen, welche in den Zwischenzeiten in friedlicher Arbeit ihrer Heimat dienen, erfüllen eine hohe Mission. Vor allem hat die segensreiche Einrichtung der allgemeinen Wehrpflicht unsrem Volke in seinem stehenden Heer eine lebendige Kraft geschaffen (…). Vielen von euch war es leider durch frühe Schicksalsschläge versagt, diesem Heer anzugehören und, Schulter an Schulter mit fröhlichen Kameraden, im Wehrverband zu stehen." (55)

Auch des Direktors Reden sind wie die des Kaisers belastet von einer Formelhaftigkeit und Abstraktheit, die nur emotionalisieren konnten, als die Formel noch für die Emotion selbst gehalten wurde.[91] Die rhetorischen Möglichkeiten des „Leitartiklers auf dem Kaiserthron" (Arntzen) schöpft Zuckmayer freilich nicht aus. Ihm geht es um die plakative Parodie des kaiserlichen Redens im Sinne Wormsers: „Da, les die Tischred, die er wieder gehalten hat – da kannste was lernen, da is Stil, da is Geist, da is Schwung drin!" (48) Mehr als dieser Schwung soll hier nicht gezeigt werden. Die Rede bleibt Fragment. Das muntere Manöver, das den Redehöhepunkt ersetzt, wirkt auf die Rede zurück.

Andere rhetorische Eigentümlichkeiten des Kaisers überträgt Zuckmayer auf die übrigen Vertreter des Staates. „Leitartikler"[92] in aller Verlogenheit ist *Obermüller*. Gerne wäre er „Schriftsteller"

(50) geworden. Was er nicht zu Papier bringen konnte, expektoriert er pausenlos. Schlagworte ("Freie Bahn dem Tüchtigen") verbinden sich mit dem entleerten Fachbegriff ("konstitutionelle Idee", "angewandte Demokratie"), idealistische Vokabeln ("Gemeinwohl", "Wohl des ganzen Volkes") mit neudeutschem Sprachpurismus (50f.). Für ihn wie für Wormser gilt, daß die Vokabeln austauschbar geworden sind und der Gegensatz unterm Schwall der Worte aufgehört hat zu existieren. Die Identifikation von Monarchie und Demokratie im Wort ersetzt die Verfassungswirklichkeit. Der verhinderte Schriftsteller hat sein eigentliches Arbeitszeug, die Sprache, der allgemeinen Norm angepaßt. Das Neugermanentum des Kaiserreiches perhorreszierte das Lehn- und Fremdwort als „Überfremdung" und forderte die „Eindeutschung", d. h. Anpassung. Wenn Voigt das Rathaus stürmt, diktiert Obermüller einen Verwaltungsbrief: „Die Verwaltung einer Stadtgemeinde, deren Hauptkontingent sich aus Industriebevölkerung rekrutiert" – und korrigiert sogleich: „deren Bevölkerungsgroßteil sich aus Industrieangestellten zusammensetzt" (106). In dieser Stilkorrektur ist der ganze Mann entlarvt. Worte wie dieser „Bevölkerungsgroßteil" oder die „Eindeutschung" sind beste Veranschaulichung für das, was Zuckmayer „Entseelung" der Sprache[93] genannt hat: Die Sprache verleugnet in ihnen ihre Traditionsgebundenheit, in Zuckmayers Sprachverständnis: ihr Gewachsensein.

Obermüller jongliert mit der Sprache. Da er sie selbst in eine andere transportiert, ist ihm dies Spiel bewußt. Seine Sprache (wie seine Karriere) ist das Ergebnis einer Verdrängungsleistung. Ihn übertrumpft *Wormser*. Wormser ist ein verhinderter Schauspieler (vgl. 79). Während Obermüller über zwei Codes verfügt, wechselt Wormser den Stil mit der Situation und durchläuft alle Stilebenen. Er ist ebenso vertraut mit dem militärischen Imperativ („Zeig her, Willy, leg's hin, schlag's auf, träum nicht, mach e bißje.", 9) wie mit der saloppen Schnoddrigkeit des Kasinojargons („'n Glanz wie son frisch gewichster Pferdepopo – was?", 9); populärwissenschaftliche Phrasen („Vom Gefreiten aufwärts beginnt der Darwinismus", 49) stehen ihm zu Gebote wie die parallelistisch gebaute Sentenz („Der Doktor ist die Visitenkarte, der Reserveoffizier ist die offene Tür", 50), die Vulgärsprache („haltense 'n Rand", 9) wie das bildungssprachliche Zitat („cherchez la femme", 50),[94] er beherrscht den Berolinismus („mittenmang in de Mitte", 10) wie die philosophische Fachterminologie („der kategorische Imperativ …", 10). Seine Suada überrumpelt, überschwemmt den Zuhörer so, daß er den Wechsel der Standpunkte und Ideologien kaum mehr wahrnimmt. Selbst der Widerspruch des Kunden wird widerstandslos in die eigene Positionslosigkeit integriert („meine Rede", „sicher, sicher", 51). Mit der Standpunktlosigkeit gerät die Rede in den Leerlauf. Wormser sagt alles dreimal, viermal, weil er nichts zu sagen hat: „Das macht der Dienst, das macht die frische Luft, das macht des Kaisers Garde, was?" (9) Wiederholung, Reihung, Anaphorik[95] unterstreichen, daß Wormsers sprachliches System aus lauter Tautologien[96] zusammengesetzt ist („Vorschrift ist Vorschrift", „Stimmt's oder hab ich recht?", 9). Wormsers Sprachtaktik steht nicht allein im Dienst der Identifikation und Anpassung („damit hammer's geschafft in der Welt!", 10), sondern montiert die Versatzstücke der Zeit und verbirgt sich in der Uniformität der Schlagworte, damit sich der Schein der Uniform als stimmig erweist.[97] Er ist der getreueste Diener seines Herrn, insofern seine Rede die Unstimmigkeit der Wirklichkeit zudecken soll. Seine Rollensprache feiert ihren Triumph, wenn sie den Kaiser höchstselbst zitiert und imitiert: „Was, wird er [der Kaiser] rufen, von meinem lieben Wormser!! Bei dem laß ich ja selbst arbeiten. Also dann sind de Knöppe richtig, und mein Zollstock is falsch!!" (11) Unter der Macht der Rhetorik fällt auch das absolute Maß des Zollstocks dahin. Und andererseits erweist sich der Kaiser als der größte Geschäftemacher aller Zeiten. Uniformgeschäft und Staatsgeschäft sind eins unter dem Deckmantel des sprachlichen Scheins. Wormsers Sprachmimikry versagt fast nie, aber sie hat am Ende keinen Erfolg. Wormsers Sprachakte erscheinen wie aufgeblasene Luftballons, die am Ende einer Szene zusammensacken. Wenn die Rollensprache versagt, landet er auf dem Sprachniveau, das ihm natürlich ist: er „jüdelt" („nemm dir e Beispiel", 12). Vor der Wirklichkeit muß seine Artistik schließlich kapitulieren und schrumpft zusammen in die ihm von Berufs wegen zukommende Knappheit der Kaufmannssprache: „Erledigt, Herr von Schlettow, erledigt" (11). In diesem pointierten und doppeldeutigen Eingeständnis der Übermacht der Realität fällt der Sprachaufwand in sich zusammen.

Die Nullstufe sprachlicher Kompetenz repräsentiert *von Schlettow.* Er vertritt nur die „Sprachklischees" einer „Gruppe",[98] des
Militärs an sich. Schlettow kennt keine Rollensprache wie Obermüller oder Wormser, dazu fehlt ihm das Bewußtsein; er spricht
die Sprache der anderen, weil er sie für seine eigene hält. Seine
Sprache ist auf ihre appellative Funktion reduziert. Er könnte
nicht erzählen, wie Wilhelm Voigt; weil er nichts darstellt, kann
er nicht darstellen. Er kann sich auch nicht selbst im Ausdruck
entäußern, weil er nichts ist. Während die anderen um ihn herum
immer noch etwas, wenn auch Verlogenes, zu sagen haben, haben
er und Jellinek „sich nichts mehr zu sagen". Seine Existenz, im
Kollektiv „verdammt solo" (25), ist so verkümmert wie seine
Sprache. Wenn Schlettow als Zivilist, als Mensch erscheint, verstummt er auf offener Bühne. Die Aposiopese ist sein Wesen. Be-
nutzt er ein Verbum, so kennt er unter den finiten Formen vor allem den Imperativ („machense", „sehnse", „messense", „lachense
nich", „widersprechense nich", 8 ff.). Oft ersetzt das finite Verbum
das Partizip oder gleich das Adverb: „(...) wenn man so morgens
auf'n Gaul steigt und denn raus aufn Schießplatz und quer übers
Gelände geprescht, und dann 'n paar Kommandos (...)" (25). Die
Nomina ersetzen umgekehrt die Verbfunktion („wie son Uhrwerk! und überhaupt de ganze Kompaniedienst", 25). Die
Sprachverkürzung macht den Artikeln, Pronomina und auch den
Morphemen den Garaus: „na, und wenn ich nu Untern Linden
Majestät begegne, und Majestät zieht Zollstöckchen aus der Ta-
sche und mißt mir Gesäßknöppe nach – na und was dann?" (11)
Schließlich fällt auch das Subjekt dahin („Kann Ihnen sagen", 25)
oder verschwindet im Kollektiv („man hat ja 'n Dienst, nich?",
25). Schlettows gesamte Syntax ist also „gestört", gestört wie sein
Sozialverhalten und sein Ichbewußtsein. Übrig bleibt die Wiederholung desselben mit anderen Worten, die sprachliche Stagnation
(„aber als Mensch, da fehlt Ihnen der Schliff, der Schnick, der Be-
nimm, die ganze bessere Haltung", 8). Übrig bleibt, was vorgesagt
ist, die Redensart und die militärische Maxime, die eindimensio-
nale Sprache: „Aber an den Kleinigkeiten, daran erkennt man
den Soldaten." (10)

6.2
Die Sprache der Ohnmächtigen

Zuckmayer wählt also keine strikte Zuordnung von Sprache und sozialem Standort des Sprechenden. Neben den anderen Determinanten (historische und lokale Situation, berufsspezifische Sprachformen)[99] spielt der Gesamthabitus eine entscheidende Rolle. Nicht der ist *eo ipso* sprachkompetent, der der sozialen Oberschicht angehört; und umgekehrt. Die Wertung des Sprachvermögens entscheidet sich daran, ob der Sprechende die Sprache „eigentlich" oder „uneigentlich" handhabt. Es besteht eine Korrelation zwischen Sprache und Moral einer Figur; recht hat die Figur, die unmittelbar zum Ausdruck ihres Inneren gelangt. Widerlegt werden jene, denen die Sprache als Uniform dient.

Auch wenn die formalen sprachlichen Fähigkeiten reduziert sind, kann das ursprüngliche Bedürfnis, die emotionale Gestimmtheit, zum Ausdruck gelangen. Die beiden Opfer, Schlettow und Liesken, unterscheiden sich kaum in der verbalen Differenzierung. *Liesken* aber vermag es, in ihr armseliges Wort und ihre schlichten Parataxen ihr ganzes Sein zu legen. Ihre Kindlichkeit ist noch nicht verstellt durch die gesellschaftliche Sprachregelung. Das Kind darf die Welt naiv erleben im stammelnden Staunen über eine Wunderwelt („Is über de Wolken, is da immer Sonne?", 75) und die kreatürliche Angst zur Metapher formen („un denn wird det Fenster so blank, so weiß – wie 'n Auge –", 77). Im unmittelbaren Vergleich gelangt das Unbewußte zur Sprache, die Ohnmacht gegenüber einer personal und rational nicht faßbaren Bedrohung. Auch Liesken klammert sich an den vorgeprägten Ausdruck, spricht seine Hoffnung mit dem Gassenhauer aus und seine Angst und seinen Traum mit dem Märchen. Trotzdem spricht sie nicht in dem Schematismus von Schlettows, weil ihr das sprachliche Muster Ausdruckshilfe ist, Medium der Selbstaussage.

Je unmittelbarer der Affekt, desto unmittelbarer die Sprache. Der ursprünglichen Existenzangst Lieskens ist im Stück niemand ausgesetzt, *Wilhelm Voigt* ausgenommen. Einmal darf der Zuschauer einen längeren Blick hinter die Kulissen seiner Rationalität tun. Zwischen Tag und Traum, im Gespräch mit Kalle in der „Herberge zur Heimat", fallen Ich- und Sprachkontrolle hinweg und öffnen die *via regia* ins Unbewußte des Helden. Sie geben seine Verlorenheit, seine Desorientiertheit, den Sinnverlust preis. Mit der existentiellen Bedrohung zerfällt auch die Sprache Voigts, und Zuckmayer nutzt die stilistischen Möglichkeiten, die das offene Drama anbietet.[100]

Die Entäußerung ist nur im Traum oder Halbtraum möglich („Denn det Jeträumte, det wird immer mehr"): Der Traum durchbricht die Schranken der Individuation und eröffnet eine Globalperspektive auf den Weltzustand, in dem das Ich sich verliert. Raum und Zeit, selbst die Naturgesetze sind außer Kraft gesetzt („Erst war lange nichts – denn kam son janz leises rieselijes Knistern, janz von innen ausn Stein raus. Da hab ick mir jesagt: jetzt wächst er wieder."). Der Traum von der Weltsituation belebt das Ding, ihm wachsen vegetative und emotionale Qualitäten zu („det wächst alles, 'n Stein so gut wie 'n Appelkern"). Die animistische Belebung des Mineralischen reißt auch das scheinbar Beständige in einen Veränderungsprozeß und setzt den einzelnen ins Ungesicherte aus („Unter sone große Stadt, mit all ihr Jebumms und Jemäuer, da is doch ooch noch Erde drunter, Sand, Lehm und Wasser, nich? (...) det wächst alles (...)"). Wie Woyzecks Visionen gewinnen auch die Ahnungen Voigts apokalyptische Dimensionen („Un denn hör ick ooch immer (...) Trommeln. Un Glokken"). Die Traumbilder sind nicht „übersetzbar", sie lassen nur ahnen von dem Trommeln, das der großen Stadt, der Hure Babylon, das Ende ansagen wird. Das diffuse, nicht nennbare Geheimnis der Natur und des Schicksals artikuliert sich im impersonalen „Es". Es setzt die logische Fügung des Satzes außer Kraft. Impressionen werden syndetisch und asyndetisch[101] stammelnd gereiht. Die Impression ist unmittelbar gegenwärtig, ihre Ordnung nicht durchschaubar und kann deshalb sprachlich nicht durch logische Partikel geordnet werden. Parataxe, Ellipse, Anakoluth[102] dominieren und spiegeln den Verlust der Orientierung: „Und in 'n Menschen sein Kopp, da sind Jedanken inne, und denn det Jeträumte, det wird immer mehr, det wächst alles, et weiß nur noch keener, wo det mal hin soll." (43) Der Dialog mit Kalle dient nur der Selbstaussage Voigts. Die Sprechvorgänge der beiden sind inkongruent. Voigt will sein Existenzproblem aussprechen, Kalle versteht nicht und distanziert das Fremde durch Kalauer. Jede der Figuren ist in ihrer Ichbefangenheit allein.

Diese Sprachkrise Voigts ist ein einmaliges Ereignis. Sie zeigt, daß Voigt den festen Boden, auf dem er agiert, sich erobern muß, daß er die sprachliche Überlegenheit in Humor und Ironie nicht von Natur aus besitzt, sondern erkämpfen muß. Die Stabilität Voigts ist ein Trotzdem gegen die drohende Sinnlosigkeit. Wo keiner weiß, „wo det mal hin soll", sichert sich der Held sein Ziel durch sein Sprechen und sein Handeln.

6.3
Die Sprache des Helden

Berolinismen. Zuckmayer verlagert den Geburtsort Voigts von Tilsit „in de Wuhlheide" (20) und läßt Voigt die Sprache Berlins sprechen. Diese hatte sich in zahlreichen naturalistischen Dramen bewährt. Sie repräsentiert das Leben, wie es ist, das „Miljöh", neben dem Menschlichen auch das Allzumenschliche. Berlinische Dialekteigentümlichkeiten (Kasusverwechslungen, Vertauschung von Präpositionen,[103] Partizipialbildungen, typische Lautverschiebungen,[104] Inversionen,[105] Synalöphen, Aphäresen, Synkopen,[106] Freiheiten im Umgang mit dem Fremdwort,[107] Wortverstümmelungen,[108]) schaffen ein unverwechselbares Kolorit. Die Sprachfähigkeit und Sprachfreiheit Voigts ist aus dieser Atmosphäre der Sprache hervorgegangen. Im Wortwitz,[109] in der Wortverdrehung,[110] in der Parodie des Sprichwortes,[111] in der ironischen Doppeldeutigkeit[112] bewahrt das Individuum die Freiheit im kollektiven Dialektausdruck. Der individuelle Einfall entwickelt sich organisch aus dem Milieu. Ein Beispiel: Genosse Kalle will seinen Anzug verkaufen, Voigt warnt davor. „Mensch, mach det nicht!", heißt der erste Impuls. Das zweite Wort führt zum Stichwort „Schale": „Bleib in Schale, Mensch!" Das dritte dann formuliert die mundartliche Sentenz: „Schale is allens." (19) Aus nebensächlichen Umständen, über Anläufe zwar, aber doch zielstrebig und reaktionsschnell, durch Stichwortassoziation („Mensch, Schale") unterstützt, zündet das bündige Wort und erhebt den Einzelfall zur allgemeingültigen Lebensweisheit. Voigt sagt zwar nicht mehr, als der altbekannte Spruch besagt, daß Kleider Leute machen, aber er sagt ihn in der Weise des Dialekts. Im Dialekt wird die individuelle Erfahrung auch als Sprichwort konkrete Gestalt. Lebenserfahrung, Lebensweisheit, Lebensdiplomatie äußern sich in der Pointe, die die Distanz wahrt gegenüber der konkreten Unfreiheit.[113]

Humor. Die Milieusprache tendiert natürlicherweise zum Emotionalen. Immer dann, wenn Voigt nicht getreten wird, wenn man ihn in Ruhe läßt, zeigt auch seine Sprache Gelassenheit. Sie wird episch, malerisch, verliebt sich ins Anekdotische. Je gespannter die Situation, um so ironischer spricht Voigt; je entspannter die Gesprächslage, um so mehr genießt Voigt das Detail. Humor will nicht vernichtend kritisieren, sondern betrachtet Mißstände als Unzulänglichkeiten, die in der allgemeinmenschlichen Natur begründet sind. Er setzt die Solidarität des Kritisierenden mit dem kritisierten Objekt voraus; er ist nicht in die konkrete Situation verflochten, sondern schaut auf sie herab, weil er Einsicht hat in die natürlichen Grundbedingungen des Lebens. In zwei Situationen vor allem treffen wir Voigt in der Heiterkeit des Philosophen an: wenn er von der Welt erzählt, die er sich „scheen ausjemalt" hat „im Kopp" (74), und wenn ihm der Streich gelungen ist. In beiden Situationen verzichtet seine Sprache auf den Kampf und bejaht lächelnd das Leben, wie es ist: „Det sind de Hofsänger. Auch Hofraben jenannt. Die singen bei Hof, weißte, und denn wirft der Kaiser 'n Groschen runter, damit se wieder aufhören." (73) Das ist die Sprechweise des Humors. Der Humor weiß von der Unvollkommenheit des Menschen und der Kontingenz gesellschaftlicher Einrichtungen, aber er protestiert nicht. Das Wortspiel um die Hofsänger hebt den sozialen Antagonismus auf und gibt der Situation der Deklassierten den Anstrich des Pittoresken und Behaglichen. Der Humor befreit von der Sorge, macht des Mädchens Leid vergessen.[114] Im Verstoß gegen die Ordnung sieht er immer noch die Ordnung, im Versagen den Maßstab, im Ausgesetztsein letzte Geborgenheit im Schöpfungszusammenhang. Deshalb Voigts Entwurf von der Erde, die lebt, sich entwickelt und nach oben strebt (vgl. 75). Im Humor gewinnt Voigt die Gestimmtheit, die seinem nicht-entfremdeten Wesen entspricht, sein Gleichgewicht, den Einklang mit der Natur. „Du erzählst viel besser", attestiert das Mädchen. Voigt erzählt besser als Schwager Hoprecht, weil sein Erzählen getragen ist von der Sicherheit, im Raum des Geschaffenen schließlich doch einen Ort zu finden. Hoprecht dagegen sucht seine Sicherheit im Einklang nicht mit der Natur, sondern mit den zufälligen gesellschaftlichen Mächten. Deshalb lebt er in der Sorge, ob fester Boden unter seinen Füßen ist (vgl. 90). Nach allen dramatischen Anspannungen darf sich Voigt am Ende zurücklehnen und lachen über den Weltzustand, der dieses Drama zuließ. Der Humor ist episch, nicht dramatisch.[115]

Ironie. Da die Umstände epische Entspanntheit nicht zulassen, reagiert Voigt meist ironisch. Er spielt mit dem Wortmaterial, das ihm seine Gegner anbieten. Er übernimmt es, formt es um oder nutzt den gegensätzlichen Begriff, um die Sprachklischees der anderen zu entlarven. Seine Sprache spannt sich im dramatischen Duell und schleudert den Pfeil, der ins Schwarze trifft. Hoprecht: „Wer 'n Mensch sein will – der muß sich unterordnen, verstanden?!" Voigt: „Unterordnen. Jewiß! Aber unter wat drunter?!" (89) Mit dem einfachen Wortspiel legt Voigt den Formalismus des Kadavergehorsams bloß. – Der Oberwachtmeister tituliert ihn im Jargon als „schweren Jungen". Voigt dagegen: „Ick weß nich, Herr Kommissär, ick werde in letzter Zeit immer leichter." (13) Das Antonym[116] enthüllt den Kontrast zwischen unreflektiertem Jargon samt seiner Ideologie und der existentiell erfahrenen Situation. – Für den Oberwachtmeister sind Personalakte und Person identisch: „Das ist Ihnen so festgewachsen wie die Nase im Gesicht." Voigt dazu: „Da wollt ick mir nu de Neese aus det Jesichte reißen. Aber det hat nich jegangen." (14 f.) Voigt nutzt die Polyvalenz der Sprache und damit den Freiheitsraum, den die Sprache selbst anbietet. Die unerwartete Pointe ersetzt den umfangreichen Diskurs und bringt den Gesprächsgegner zum Schweigen. In der Pointe erscheint die Wahrheit. – Voigt zum Schwager: „Dir hamse nich befördert, mir befördernse. Jedem dat Seine, nich?" (88) Das Polyptoton[117] widerlegt die umständliche Argumentation Hoprechts von vornherein. Die doppelte Ordnungsverletzung in den beiden Weisen des „Beförderns" ist das nicht wegzudisputierende Faktum, das der Rechtsstaatlichkeit widerspricht, die im Staatsmotto des preußischen Adlerordens (*„suum cuique"*) behauptet wird. Die rechtstheoretische Diskussion der beiden ist im Grunde nichts anderes als ein einziges Wortspiel mit den Begriffen „Recht" und „Ordnung". Die beiden können sich nicht verständigen, weil ihre Begriffe nicht dieselben sind. Greift Voigt das Wort des Gegners auf, entzieht er es dem Verständnishorizont des anderen, indem er es umwertet. Hoprecht: „Recht is, was Gesetz is, Willem." Voigt: „Was richtig is, ick meine, was Recht is, det soll auch Recht sein!" (87) Das Polyptoton ersetzt die Definition von „Recht", weil es auf eine Ordnung vertraut, in der das Recht auf das Richtige gegründet ist. Hoprechts Sprachfigur dagegen will das Heterogene zusammenzwingen. Während die Verwandtschaft des Wortkörpers in Voigts Wort das Richtige aufscheinen läßt, ist die Äquivokation Hoprechts schon durch den fehlenden Gleichklang widerlegt.

In den Figuren seiner Sprache zeigt Voigt seine Verbundenheit mit dem Sinn, den die Sprache garantiert: Sie verbindet das von Natur Zusammengehörige und verfremdet den Sprachmißbrauch. Was die Natur verbindet, entspricht durchaus nicht den Regeln der formalen Logik. Die autoritäre Sprache weiß nichts vom Assoziationenreichtum, den das Wort eröffnet, bleibt nicht selten tautologisch und will auch das Disparate der sprachlichen Verfügungsgewalt unterwerfen.

Realismus. Voigts Sprache ist realistisch im sprachphilosophischen Sinne: Zeichen und Bezeichnetes sind eins. Die Begriffe sind Realitäten, sie existieren in den Dingen selbst. Deshalb hat der recht, der das richtige Wort hat. Das Redensartliche, Erstarrte, Jargonhafte und Formelhafte in der Sprache seiner Dialogpartner macht Voigt genau, überführt es in die Wirklichkeit. Er „realisiert" die verblaßten Metaphern der Konvention und erfüllt sie so mit neuem Leben. „Wer einmal auf die schiefe Bahn gerät –" heißt eine solche Redensartlichkeit, in deren leeren Allgemeingültigkeit der individuellen Freiheit die Bedingung der Möglichkeit genommen wird. Der Oberwachtmeister, der sie ausspricht, verstummt bedeutungsvoll, weil das Wort nicht vollendet werden muß, denn es ist eine *„selffulfilling prophecy"*.[118] Die Mechanik der Sprache hat die Mechanik von sich steigernden Straftaten zur Folge. Voigt stimmt zu: „Da hamse janz recht. Det is, wie wennse ne Laus uff ne Glasscheibe setzen. Da kannse nu krabbeln und krabbeln und rutscht ejal immer wieder runter." (14) Für Voigt ist das verbrauchte Bild kein Bild mehr, sondern erlebte Wirklichkeit. Die Bildwelt lebt durch sein Sprechen neu auf: Die Laus, ein Lebendiges, „gerät" nicht automatisch auf die schiefe Bahn, sondern wird auf die Glasscheibe gesetzt. Erst dadurch wird sie zum Opfer, das sich in sinnloser Aktivität erschöpft. Voigts Bild eröffnet ein weites Feld von Assoziationen,

Assoziationen an die mythologischen Bilder der Vergeblichkeit. Aber Voigt spricht eben nicht mythologisch, sondern sucht seinen Vergleich in der Natur. So verfolgt er die Phrasen der anderen bis zu dem Punkt, an dem sie verwirklicht werden. Der Oberwachtmeister, dessen Redensartlichkeit hier genaugemacht wurde, ist diesem Vorgang nicht gewachsen und muß das Ganze nun seinerseits als „Redensartlichkeiten" von sich distanzieren.

Voigts Sprachrealismus vernichtet den Legalismus von innen her, aber die Systemvertreter können dieses Ereignis nicht wahrnehmen. Ließen sie sich sprachlich unterwandern, wäre auch ihr System unterwandert, das auf dem nominalistischen Schein der Sprache aufruht: Ihre Begriffe wurzeln nicht mehr in den Dingen, sondern sind bloße Namen. Sie sind Konvention. Eine Sensibilisierung für die individuellen Valenzen des Wortes würde das abstrakte Prinzip, nach dem Justiz, Polizei und Verwaltung funktionieren, zerstören. Wenn Voigt dem beikommen will, muß er diese Sprache übernehmen. All seine Versuche, die anderen auf die Bedeutung dessen zu stoßen, was sie sagen, enden mit dem bekannten „Raus!" Er hat die Sprache der anderen erst gelernt, wenn er proklamiert: „Die Verwaltung der Stadt Köpenick bin ich!" (108)

Die Muttersprache. Im Exil ins finsterste Kanada verschlagen, schreibt Zuckmayer ein umfangreiches Essay über die Brüder Grimm – aus „Sprachheimweh". Wie vielen seiner Schicksalsgenossen gelingt es ihm nicht, dort heimisch zu werden, wo die Verbindung zur heimischen Sprache abgerissen ist. Indem er Jacob Grimm referiert, begründet er die Heimatlosigkeit im fremden Sprachbereich als Entwurzelung aus der Produktivität des Sprachkollektivs. Wie die Natur ist die Sprache ein Organismus, in dem natürliche Notwendigkeit und individuelle Freiheit eins sind:

> „Die Sprachen sind nicht einem ‚starr und ewig wirkenden Naturgesetz, wie des Lichts oder der Schwere anheimgefallen', sie erstehen aus der menschlichen Freiheit, und nur wo das Menschengeschlecht selbst, im Widerstreit des Freien mit dem Notwendigen, einer außer und über ihm waltenden Macht unterliegt, lassen sich auch in der menschlichen Sprache Vibration, Abdämpfung oder Gravitation, also die Einwirkung naturgesetzlicher Mächte, gewahren. So werden die Sprachen zu eigenwüchsigen, eigenlebigen Organismen (...)"[119]

Seine Erfahrung im Exil hat Zuckmayer in der Wilhelm Voigts vorweggenommen: „Und da hat nu schließlich der Mensch seine Muttersprache, und wenn er nischt hat, denn hat er die immer noch." (15) Voigt kehrt nach Deutschland zurück und liefert sich dem System aus, weil ihm Heimat und „natürlicher" Sprachbereich identisch sind. Wie ein Exempel dann für die organizistische Sprachtheorie Jacob Grimms zeigt er diesem Deutschland, daß sich die Freiheit in der Sprache verwirklicht. Voigt macht Ernst mit dem Satz des Aristoteles, daß der Mensch der Affe ist, der spricht. Sobald er zu Wort kommen darf, weiß der Zuschauer, daß der, der da spricht, der Notwendigkeit entspringen und seine Individualität bewahren wird. Sprechen ist hier Sprachhandlung, es zeigt eine Originalität in der Unterwanderung des Sprachspiels der Entfremdung, die sich auch im Handeln bewähren wird. Voigt ist Schuhmacher und Poet dazu.

7
Märchen oder Satire?

Zuckmayers Untertitel, „ein deutsches Märchen", ist eine *contradictio in adiecto*.[120] Die Zeitlosigkeit des Märchens und die Zeitgebundenheit des deutschen Wesens schließen sich aus. Die Interpreten wollten ihm diese Synthese der Gegensätze nicht immer abnehmen. An der Interpretation des Untertitels und seiner Explikationen im Stück entschied sich aber auch immer die Wertung des Werkes. Am engagiertesten hat Rilla die Streitfrage, ob das Stück als Idylle oder als Satire zu klassifizieren sei, zuungunsten der Satire entschieden. Manche sind ihm darin gefolgt: Nicht satirisches Zeitbild, sondern „Illuminierung eines preußischen Idylls" sei das Ziel von Zuckmayers dramatischer Gerechtigkeit. Auch seine Militärverliebtheit weiche die Satire auf. Über das Thema triumphiere die Uniform.[121] Sein Hauptargument bezieht Rilla aus dem Schluß des Dramas: Voigt inmitten des Tableaus lasse alles vorher Geschehene vergessen. Die Hierarchie, die Voigt zu unterlaufen suchte, feiere sich selbst und habe gewonnen.

Rillas Argumentation läßt sich unterstützen. Zuckmayers eigene Interpretation (auf dem Waschzettel der Uraufführung) spricht gar nicht erst von der Synthese des Untertitels, sondern erzählt den Handlungsvorgang in reiner Märchenform nach:

> „Es lebte aber in der Stadt Berlin eine Uniform, gemacht vom besten Schneider zu Potsdam für einen Hauptmann vom Ersten Garderegiment zu Fuß. Die wollte aber keiner mehr haben, denn sie hatte ein gutes Alter auf dem Buckel und hatte bis zum Nähteplatzen ihre Pflicht getan. In einem Trödlerladen, der letzten Zuflucht alles Ausrangierten, trafen die beiden zusammen, und, da jeder allein zu nichts mehr nütze war, heirateten sie. So wurde der Hauptmann von Köpenick geboren. (...)
> Es [das Stück] hält und hängt sich nicht an die Einzelheiten tatsächlicher Geschehnisse, es zeichnet nicht die dürftigen Buchstaben der Dokumente nach, denn aus ihnen ist nur der äußere Ablauf, niemals das Wesen und die Quersumme eines Menschenlebens oder der irdischen Geschichte zu erkennen. Es will auch nicht mit den Leuten rechten, die die Verhältnisse gemacht haben, noch mit den Verhältnissen, aus denen die Leute wurden. Denn es ist ja nichts Neues, was es erzählt, sondern es ist ein deutsches Märchen und, wie alle Märchen längst vorbei, – vielleicht überhaupt nicht wahr? – und nur ein Gleichnis für das, was nicht vorbei ist!"[122]

Nun ist der Autor freilich in den seltensten Fällen der beste Interpret seines Werks. Zuckmayers märchenhafte Nacherzählung hat auch eine polemische Spitze, die sich gegen den Konkurrenten Brecht richtet (dem er lebensgeschichtlich mannigfach verbunden war).[123] Entscheidender als diese Selbstinterpretation ist, daß Zuckmayer das Stück selbst märchenhaft strukturiert hat. Von der Symbolfunktion der Zahl war oben schon die Rede. Mit Märchenmotiven und Märchenstrukturen ist der gesamte Handlungsablauf durchsetzt. In der Erstausgabe und einigen älteren Editionen ist das Stück von zwei Märchenzitaten gerahmt. Dieser Motto-Rahmen enthält in der Andeutung Zuckmayers Humanitätsbegriff. „Vom Menschen reden" ist die Aufgabe des Schriftstellers. Der Mensch Zuckmayers bleibt immer Mensch, auch wenn er in Uniformen gezwängt wird. Auch das war oben zu beobachten: Die Tendenz, die Figuren zu typisieren und zu karikieren, wird immer wieder unterlaufen von Zuckmayers Interesse am Menschen und seiner individuellen Würde. „Vom Menschen reden" heißt, auch das Allzumenschliche gelten zu lassen. Deshalb funktioniert Voigts Metamorphose nach dem Märchen-Schema einer geordneten Welt:

Der Märchenheld ist ein umgetriebener, isolierter Wanderer, oft eine Waise, ein Dummling oder ein Schlaukopf, auf der Suche nach dem Glück. Sein sozialer Aufstieg gestaltet sich als ein Aufstieg zum eigentlichen Sein. Helfer, oft aus dem Überirdischen oder aus dem untermenschlichen Bereich, ebnen den Weg zum Glück; manchmal ist es aber eben auch nur ein Requisit, ein Glückshütlein oder eine Tarnkappe, dem supranaturale Kräfte innewohnen.[124] Mit dem Gestaltentausch greift das Wunder Platz; der Held siegt über den Zauberer. Die anderen, die Bösen, bleiben zurück; ihrer wird im Erfolg nicht mehr gedacht. Diese Typologie läßt sich Zug für Zug auf das Drama übertragen. Deshalb geht das Finale im Kampf gegen das Böse direkt über in die Märchenunterschrift: Die bedrohten Bremer Stadtmusikanten ziehen davon im Glauben an das Wunder, das ihnen den Lebensraum gewähren wird. Das „Unmöglich" bestätigt gerade, daß in dieser Welt das Unmögliche möglich, daß das Akausale einen Spiel-Raum hat. Hinter dem Märchenzauber der Struktur verbirgt sich eine Philosophie des Märchens. Zuckmayer will das Märchen „als Symbol des zur Weisheit gewandelten Wissens"[125] verstehen.

Von ihm gehe „die Vorstellung der Lebensnähe, der menschlichen Blutwärme" aus. Zuckmayers Märchenverständnis hat die romantische Poetik geprägt. Für die ist alle Poesie märchenhaft, das Märchen Grundlage der Poesie, das Volk selbst also der poetische Genius. „Ausdruck einer anonymen, unverbildeten Schöpferkraft der menschlichen Seele"[126] wie das Märchen will auch Zuckmayers Werk sein: „Volks"stück im eigentlichen Sinne, weil Ausdruck des Volksgeistes, oder besser: der Volksseele. Die Kunst muß sich deshalb als andere Natur verstehen: „Kunst wird in diesem Sinne zum ewigen Gleichnis der Natur – des Unsterblichen also im Spiegel der Vergänglichkeit – und Natur zum Gleichnis der heimlich wirkenden Gottheit."[127]

Wenn Zuckmayer von Humanität spricht, dann meint er diese metaphysische Konstellation, und er bekennt sich zu ihr, unangefochten durch den Wechsel der Zeiten. Er sah die Gefahr nicht, weil ihm die Vokabeln, die er benutzte, mit zeitloser Wirklichkeit und Wahrheit erfüllt schienen. Zuckmayers Natur- und Volksbegriff kennt die Nachtseiten der Natur und des Volkes nicht – oder er erfährt sie nicht als tiefgreifende Bedrohung, durch welche Erfahrung die Naturbetrachtung der Romantik erst so faszinierend gefährlich und gefährlich faszinierend wirkte. Auch in der Zeit der Apokalypse fehlt seiner Natur- und Volksmystik das Apokalyptische.

Er wählt die Gattung, die der Natur und dem Volk am nächsten, der Geschichte und der Politik am fernsten steht. So hat Grimm das Märchen definiert und so zitiert Zuckmayer diese Definition: „Loser, ungebundener als die Sage, entbehrt das Märchen des örtlichen Haltes, der die Sage begrenzt, aber desto vertraulicher macht. (...) Das Märchen fliegt, die Sage geht. Das Märchen kann frei aus der Phantasie schöpfen, die Sage hat eine halbhistorische Beglaubigung. (...)"[128]

Und doch ist nicht zu leugnen, daß Zuckmayer den Märchenbegriff durch den Untertitel relativiert hat. Auch in der märchenhaften Schilderung des Waschzettels wird Zuckmayer ja am Ende uneindeutig und paradox. Es hieße diese Eulenspiegelei übersehen, wenn man unterstellte, Zuckmayer wolle ins Nirgendwo des Märchens fliehen. „Der Gleichnis-Begriff schränkt den Märchen-Begriff ein und macht alle Interpretationen fragwürdig, die jegliche satirische Intention des Autors ausschließen (...) möchten."[129]

Der Untertitel will sich ja wohl auch auf *die* politische Dichtung des 19. Jahrhunderts, Heines *Deutschland. Ein Wintermärchen* zurückbeziehen. Das Märchenhafte könnte also als ein Attribut der deutschen Geschichte verstanden werden. Wie das Märchen würde das Stück „nichts Neues" erzählen als eben die uralte Geschichte von der deutschen Misere; „längst vorbei" ist es ja nur ironischerweise, auch wenn es „in den alten Tagen, der Welt vor dem großen Kriege" spielt: denn in ihnen hat so vieles begonnen, „was zu beginnen wohl kaum schon aufgehört hat"[130]. In dieser doppelten Optik kann auch *Der Hauptmann von Köpenick* gelesen werden. Dem offenen Schluß des Waschzettels entspricht das Nicht-Definitive des Dramenschlusses. Es ist ohne Zweifel, daß Voigts Gelingen die Ordnung nicht grundsätzlich in Frage stellt, daß es abzusehen ist, daß Voigt nicht wieder ausbrechen wird, daß seine Lösung individuell und nicht wiederholbar ist. Trotzdem bleibt eine Ambivalenz übrig, die eine Leseweise „gegen den Strich" erlaubt, weil das „Unmöglich" ohne Subjekt ausgesprochen wird. Dem Zuschauer bleibt die Freiheit, das Prädikatsnomen nicht auf die Gesamterscheinung des uniformierten Voigt zu beziehen und damit das Unmögliche des Gestaltentauschs zu belachen, sondern auf die Uniform selbst und damit die gesamte Ordnung, die sie repräsentiert. Wenn der Leser diesen Akzent setzt, dann muß er freilich manches possenhafte Element, manches gemütvoll-humoristische Detail, dann muß er die Zufallsdramaturgie des dritten Aktes vergessen: Eine Lösung, die das Glück herbeiführt, kann nicht gleichnishaft sein. Er muß von der Unterschrift, die noch das letzte dramatische Wort überholt, als Interpretationsschlüssel ausgehen: Von dieser erfährt der Zuschauer nichts; der Leser aber kann den Bogen zurückschlagen zu jener Szene, in der das Märchen von den Bremer Stadtmusikanten zum ersten Mal zitiert worden ist. Dann wird das Schlußgelächter in Frage gestellt durch das Trauerspiel vom Mädchen, dem Voigts Glück nicht hold war. Wählt man diese Optik, dann wäre Voigts Gelächter kein homerisches, sondern ein ironisches, das durch die Erinnerung bitter geworden ist. Dann würde sich das Märchenende noch selbst relativieren. Es wäre gerade besser als der Tod. Das Schicksal Voigts wäre zu Ende, aber die Flucht der Stadtmusikanten würde fortgesetzt. Dann wäre dem Tragisch-Ausweglosen der zwölften Szene eine komische Märchenlösung aufgesetzt. Die Hauptfigur in ihrer preußisch bunten Jacke würde nicht sich, sondern ihre Welt verlachen. Dann hätte die Unterschrift Anlaß gegeben zur Selbstreflexion des Stücks und die Idylle zerstört. Dann endete das Märchen in der Wiederholung der gerade durchgespielten Situation, es würde zum Gleichnis für andere.

Unterrichtshilfen

1
Didaktische Aspekte

Der Hauptmann von Köpenick ist didaktische Hausmannskost. Die Literaturgeschichtsschreibung, besonders die der Nachkriegsgermanistik, hat viele von Zuckmayers Werken *ad acta* gelegt. Was übrigbleibt, sind „Volksstücke". Der Name sagt, wem sie gelten. Wenn Zuckmayers Stücke „Volksstücke" genannt werden, heißt das immer etwas anderes, als wenn man Brechts Dramen so tituliert. Die eine Benennung will denunzieren, die andere soll im Sinne des sozialistischen Realismus ideologisch aufwerten, indem sie sich an Brechts eigene Definition des Volksstücks anklammert. Andererseits sind Zuckmayers Erfolgsstücke nicht von der Bühne zu vertreiben. Mit Shakespeare, Brecht und Goethe gehört Zuckmayer zu den meistgespielten Bühnenautoren des Jahres 1985.

In den Theatern, vor allem aber im Kino, ist Voigts Schicksal immer noch ein Kassenschlager, weil es zu oft zur Klamotte heruntergemacht wurde. Zuckmayers Komödie muß also zunächst einmal vom Odium der Rühmann-Rührseligkeit befreit werden. Obwohl es bei den Gebildeten unter seinen Verächtern keine Gnade mehr findet, hat die Besprechung im Unterricht ihren Sinn, weil für den Intellekt doch noch einiges in diesem Spiel zu tun bleibt. Denn dies Spiel ist nicht nur folkloristisch, nicht nur „tümlich", was nach Brechts bösem Wort das Gegenteil zum Volkstümlichen ist. Eine umfassende Apologie ist zwar nicht zur Hand. Aber dies eine ist unübersehbar: Das Spiel ist von einem Könner der Dramaturgie inszeniert. Zuckmayers Theater ist „Papas Theater", aber doch oder eben deshalb ein handwerklich gediegenes, strukturiertes, sich und seine Tradition reflektierendes, beziehungsreiches, dadurch aber Komplexität gewinnendes Spielstück.

In Schulen erfreut sich die Komödie wie auf dem Theater unbeschadet aller germanistischen Vorbehalte unverminderter Beliebtheit. Das mag daran liegen, daß sie plan und einfach sagt, was sie denkt. Die Metaphorik ist leicht zu entschlüsseln, und die Sprache hat ihren mundartlichen und wortverspielten Reiz. Dann auch noch in einem „Drama" so etwas wie die siebzehnte Szene zu finden, ist für den Schüler der Sekundarstufe I eine Quelle des Vergnügens. Aber eine Besprechung, die nur aufs „Problem" des Stückes ausgeht, ermüdet die Schüler rasch. Auch Aktualisierungen des Problems sind schön und gut, haben sich aber, weil sie auf der Hand liegen, bald erschöpft. Gerade wegen seiner Simplizität sollte *Der Hauptmann von Köpenick* seinen didaktischen Ort da haben, wo das Drama als Kompositionsgefüge auf der Tagesordnung steht: bei der Einführung in die Dramenlektüre oder – auf höherer Ebene – bei der Erarbeitung einer Dramentypologie und -geschichte.

2
Unterrichtsreihen

Die Richtlinien setzen die Einführung in das Drama in der Regel für die achte Jahrgangsstufe an. Thematisch läßt sich *Der Hauptmann von Köpenick* einbinden in eine Unterrichtsreihe, die das Problem von gesellschaftlichem Schein und Sein zum Gegenstand hat. Vielfältige Variationen sind denkbar. Reizvoll erscheint eine Folge, die dasselbe Thema in der Realisation verschiedener Gattungen betrachtet: Andersens *Des Kaisers neue Kleider* resp. Grimms *Das tapfere Schneiderlein* und Kellers *Kleider machen Leute* laden nicht nur zu einem thematischen Vergleich ein, sondern schaffen durch den Gattungsvergleich auch die Basis, um das Verhältnis von Märchen einerseits und Novelle oder Drama andererseits angemessen abzuschätzen, die unterschiedlichen Darstellungsformen zu erarbeiten und verschiedene zeitgeschichtliche Bedingungen zu erörtern.

Der Einübung in den Umgang mit dramatischen Makrostrukturen geht die Gewöhnung an dramatische Ausdrucksformen überschaubareren Umfanges voraus. Dazu dienen die seit der Primarstufe praktizierten Formen der Pantomime, des Stegreifspiels und des Textspiels, anhand deren die Schüler mit Grundfunktionen der dramatischen Aktion vertraut gemacht werden. Die gängigen Lesebücher bieten Kurzszenen (z. B. von Valentin oder Brecht), Ausschnitte aus Kindertheater-Texten (z. B. des Berliner GRIPS-Ensembles) oder Sequenzen aus Drehbüchern an. Kleindramen entstehen auch durch Stegreifspiele zu einem Thema ohne Textvorlage, durch dialogisierende Ausgestaltung von Erzählkernen oder Dialogisierung kompletter Erzählvorlagen. Für solche Transformationen eignen sich besonders Schwänke und Sagen oder Anekdoten und Kalendergeschichten, aber auch Balladen. Das Umschreiben in eine andere Gattung läßt die Schüler die spezifischen Gesetze des anderen Mediums unmittelbar erfahren. Dramenorientiertes Rollenspiel führt die Schüler zuerst ein in die Möglichkeiten, ihre Wirklichkeit im Spiel zu verdichten und umgekehrt das Spiel als Modell der Wirklichkeit zu interpretieren. Sie gewinnen Erfahrung mit der Zeichnung von Figuren, mit Formen des Dialogs, Konfliktsituationen, Bauformen des dramatischen Spiels und Darstellungsproblemen.

Theaterpädagogisches Verfahren. Dient die Komödie der Einführung ins Drama, empfiehlt sich ein theaterpädagogisches Konzept. Die rein literarische Erschließung des Textes zielt allein auf den Rezeptionsvorgang des Lesens ab und vernachlässigt die „andere" Wirklichkeit des Theaters. Das Besondere und der Reiz der theatralischen Präsentation, die Umsetzung des historischen Vorfalls, die Eigengesetzlichkeit der fiktiven Welt kommen kaum zur Sprache. Unmittelbar erfährt der Schüler die Transformation von Realität in „Spiel" durch ein Konzept, das Theaterpädagogik mit Strukturanalyse verknüpft.[131] An die Vorübungen im Stegreif-spiel und Textspiel anknüpfend, können einzelne Szenen des Dramas mit den Schülern gespielt werden, zum Beispiel die erste: Die szenische Darstellung hat analytischen Wert, weil sie an das Zentralproblem un-mittelbar heranführt.

Eine Einführung in die Dramenlektüre sollte an Begegnungen mit dem Theater gebunden sein. Vorübung daraufhin ist die Besprechung von Rezensionen (abgedruckt bei Scheible und Mews).[132] Diese Vor-übung dient dazu, ein Instrumentarium zu gewinnen, mit dessen Hilfe die Zeichensprache des Theaters beobachtet werden kann: Personendar-stellung (Mimik, Gestik, Habitus, Kostüme, Maske, Typenzeichnung, Entwicklung der Figuren, Konfigurationen, szenische Choreographie, Sprache der Figuren), Bühnenbild (Raumgliederung, Vergleich mit der Regieanweisung, Szenenwechsel, Beleuchtung, Requisiten, Farben, Mu-sik, Einbezug anderer Medien, szenische Perspektive), Adaptationsform (Streichungen, Raffungen, Dehnungen, Verfremdungen; Historisierung, Aktualisierung, Ideologisierung). Ziel sollte eine Rezension der Auffüh-rung oder die Diskussion einer Rezension der Tagespresse sein.

Viele Theater bieten die Möglichkeit, hinter die Kulissen zu sehen. Die Besprechung der Inszenierung gewinnt an Konkretheit, wenn die Schüler über die Funktionsmöglichkeiten der Bühne und über den ge-sellschaftlichen, politischen und wirtschaftlichen Ort des Theaters infor-miert sind. Ein Zugang über die Verfilmungen kann diese Erfahrungen nicht vermitteln.

Textanalytisches Verfahren. Da ein theaterpädagogisches Verfahren in besonderer Weise vom Umfeld des Unterrichts und seinen Bedingungen abhängig ist, läßt es sich nicht vorstrukturieren. Deshalb kann im folgen-den nur ein textorientiertes Verfahren vorgeschlagen werden. Die erste Szene oder der ganze erste Akt könnten expositionell „erlesen" werden, um Kriterien zu vermitteln, mit deren Hilfe der Schüler die Lektüre auf eigene Faust fortsetzen kann. Die Struktur des *Hauptmann von Köpenick* bietet sich dazu an, weil der erste Akt nicht nur alle Grundmotive des Stückes aufbietet, sondern auch als „Tragödie" von Schlettows vor der Komödie Voigts in sich geschlossen dasteht. Deutlicher als im folgenden Vorschlag könnte der strukturanalytische Gesichtspunkt noch forciert werden, indem die nach dem dramenorientierten Rollenspiel gewonne-nen Kriterien als Strukturschema für Beobachtungsaufgaben ausgebaut werden. Mit den Parametern: Handlungsverlauf, Raum und Zeit, Perso-nen und Personenkonstellationen, Motivik und Requisit läßt sich ein Dramenaufriß entwickeln, der nicht nur Einsichten in die Bauweise ver-mittelt, sondern auch der Orientierung des Anfängers im Ganzen des Dramas dient.

Nach dem chronologischen Erlesen des ersten Aktes lassen sich systematische Gesichtspunkte durchhalten:

Der Weg der Uniform und der Weg Wilhelm Voigts sind in ihrer Korrelation und im Kontrast ohne Schwierigkeiten aus dem Dramenaufriß zu rekonstruieren.

Statt einer (lähmenden) Charakterisierung des „Helden" bietet sich ein Vergleich zwischen Ausschnitten aus den Gerichtsakten (oder der Autobiographie Voigts) und der Darstellung Zuckmayers an.

Das personelle Umfeld Voigts läßt sich im Rahmen des „Militarismus"-Problems besprechen. Materialien dazu bietet Scheible an.[133]

Butzlaff hat die Schlüsselwortmethode zur Erschließung des Problemfeldes vorgeschlagen.[134] Wenn das Strukturschema auch die Motivik aufgearbeitet hat, liegt es nahe, die Variation einzelner Motive und die Motivverflechtungen exemplarisch zu beobachten. Am ergiebigsten ist die Motivreihe „Mensch" – „Uniform" – „Spiegel" – „Ordnung" – „Recht".

Der Vergleich mit den *Bremer Stadtmusikanten* oder mit einem anderen Märchen soll Untertitel und Gattungsproblem klären und auf eine Gesamtwertung hinführen helfen. Eine Typologie des Märchens und die Erarbeitung von Märchenmotiven im Drama werden sicherlich auch schon in der Sekundarstufe I zu der Frage nach dem Verhältnis von Märchen und geschichtlicher Realität führen.

Wenn es den Schülern gelingt, von Zuckmayers „Milieu" zu abstrahieren, läßt sich auch der parabolische Charakter der Ursituation Voigts heraustreiben, indem nach dem Verhältnis von Schülerwirklichkeit und Dramenwirklichkeit gefragt wird. Durch die Applikation auf heutige gesellschaftliche Probleme (Jugendkriminalität, Randgruppenproblematik, Berufsverbote, Disziplinproblem, Arbeitslosigkeit, Bürokratismus, Resozialisierung etc.) ergibt sich der Gleichnischarakter von selbst. Im Kontrast von Schülerwirklichkeit und Märchenwirklichkeit läßt sich vielleicht auch das Problem des dritten Aktes thematisieren.

Zusätzlich sollten leseungeübten Klassen Lesetechniken vermittelt werden, die den pragmatischen Umgang mit einem größeren Text vermitteln. Aus dem Reservoir der Hilfskonstruktionen seien einige angeführt, unter denen die den Schülern gemäße ausgewählt werden kann:

a) Lesen „mit dem Bleistift", Hervorhebung von zentralen Formulierungen, Schlüsselwörtern etc.,
b) Glossierung des Textes, Fixierung von spontanen Einfällen, von Quer- und Rückverweisen,
c) raffende, chronologisch orientierte Inhaltsangabe der einzelnen Szenen (Zeitleiste),
d) detaillierte Überschriften oder Stichwortkataloge zu einzelnen Abschnitten,

e) Figurenverzeichnis samt Beschreibung des Handlungskontextes und Charakterisierungsansatz,

f) systematische Aufschlüsselung nach Problemfeldern, die die Schüler induktiv während der Lektüre der ersten Szenen entwickeln; Liste der Fundstellen,

g) Liste der Schlüsselwörter und Leitmotive,

h) „Strukturschema": Übersicht über die Szenen mit den analytischen Gesichtspunkten Handlungsverlauf, Figuren, Konfiguration, Ort, Zeit, Motive, zentrales Thema.

Verwendete Abkürzungen:

GA	= Gruppenarbeit	LV	= Lehrervortrag
GK	= Grundkurs	Ref	= Referat
HA	= Hausaufgabe	SV	= Schülervortrag
KRef	= Kurzreferat	UG	= Unterrichtsgespräch
LK	= Leistungskurs		

3
Unterrichtssequenz

1. Stunde

Gegenstand	Die Uniform (1. Szene)
Didaktische Aspekte	Einführung; Funktionen der Exposition: die Zentralstellung der Uniform, das Verhältnis von „Held" und Uniform, die Dominanz des Militärischen
Unterrichts-verlauf	Erspielen/Erlesen der 1. Szene oder Präsentation einer Sensationsmeldung von 1906 zum Fall Köpenick (vgl. S. 13), erste Äußerungen zum Text und Thematisierung des Zentralproblems „Militarismus", Auswertung der Regieanweisung der ersten Szene (Requisiten, Kulisse, akustischer Raum, Choreographie der Figuren); Dialogführung; Ausblick auf das weitere Verhältnis von Uniform und Zentralfigur
Methodische Hilfen/ Impulse	Nach freiem UG über Primäreindrücke gelenktes UG: Wer ist nach der Demonstration der 1. Szene die Hauptfigur des Stückes? Welche Mittel setzt Zuckmayer ein, um zu zeigen, daß die Uniform im Mittelpunkt steht? In welcher Situation befindet sich dagegen Wilhelm Voigt, was hat er zu sagen, wie wird sein Auftreten kommentiert (Veranschaulichung durch das Bild des historischen Voigt)[135]?

	Warum heißt dieses Stück nicht „Der Schuster Wilhelm Voigt"? Wer hat in dieser Szene das Sagen? Wie macht er das seinen Gesprächspartnern deutlich? Worin beruht die Überlegenheit von Schlettows? Wie reagieren die anderen auf ihn, wie sprechen sie mit ihm? Wie wird sich das Verhältnis zwischen Voigt und der Uniform weiterhin entwickeln?
Hausaufgabe	Skizze des Bühnenaufbaus der 2. Szene

2. Stunde

Gegenstand	Äußerungsformen des Militarismus (2. Szene)
Didaktische Aspekte	Vorgeschichte Voigts, der Teufelskreis von Voigts Existenzweise, die Entwicklung des herrschaftsgebundenen Dialogs; die Bedeutung der Bürokratie für den hierarchischen Staat, die Verflechtung von Bürokratie und Militarismus (Definition des Militarismus)
Unterrichts-verlauf	Beschreibung von Voigts Grundproblem anhand der Skizze zum Bühnenbild, Erläuterung von Voigts Lebenslauf; Analyse der Interaktion zwischen Institution und Außenseiter, Überlegungen zu Aufgabe und Wirkung der Bürokratie, zusammenfassende oder erweiternde Information über den Militarismus
Methodische Hilfen/ Impulse	In welcher Situation befindet sich Voigt gegenüber dem Beamten? Wie wird diese durch den Bühnenaufbau verdeutlicht (Einbezug der HA)? Warum steht Voigt jetzt zum zweiten Male „draußen vor der Tür"? Wie stellt er sich vor? Welche Informationen erhalten wir über ihn? Worin besteht die Aussichtslosigkeit seines Schicksals? Skizze:[136] 2. Aufenthalts-genehmigung 3. Arbeit 1. Abmeldung Gefängnis · Karussell – „Kaffeemühle" · 4. Paß (Grenzvisum) 5. Heimatbehörde 6. Ausweisung

105

Wie reagiert der Beamte auf sein Schicksal und sein Begehren? Wie entwickelt sich das Gespräch (Spannungskurve, Ballungszentren)? Mit welchen Mitteln sucht Voigt seine Absicht gegen die Übermacht des Beamten durchzusetzen? Weshalb muß er scheitern?

Welche Aufgabe erfüllt die Bürokratie im Staat, insbesondere im preußischen Staatsapparat (LV zur Universalität des Militarismus[137])?

Gibt es in der bundesrepublikanischen Demokratie noch vergleichbare Erscheinungen?

Hausaufgabe	Wie gelingt es Zuckmayer, einen „Verbrecher" sympathisch erscheinen zu lassen?

3./4. Stunde

Gegenstand	Der historische und der fiktive Voigt
Didaktische Aspekte	Charakterisierung des Dramen-Voigt durch Vergleich mit dem geschichtlichen: die Entkriminalisierung Voigts, die Umstrukturierung der Vorgeschichte, die Verschärfung der sozialen Problematik, die Schuldverlagerung von Voigt auf den Staatsapparat
Unterrichtsverlauf	Der „Fall von Köpenick" und seine Resonanz (KRef oder LV), Vergleich zwischen Gerichtsakten[138] und Zuckmayers Exposition der Vorgeschichte: Erschließen der kausalen Verbindung zwischen den Taten Voigts und ihren lebensgeschichtlich-sozialen Ursachen, Zusammenstellung der tatsächlichen Absichten, Ziele, Haltungen und Werte Voigts; Gewichtung der Charakter-Veränderung
Methodische Hilfen/ Impulse	KRef oder LV über die Vorgänge von 1906 UG: Warum wirkt Voigt auf den Zuschauer sympathisch (Einbezug der HA)? GA: Welche Veränderungen am historischen Voigt hat Zuckmayer vorgenommen, um die Sympathielenkung noch zu verstärken? UG: Kann man Zuckermayers Voigt Schuld an seinem Schicksal zuschreiben? Was will Voigt demonstrieren, wenn er sich mit einer Laus auf der Glasscheibe (vgl. 14) vergleicht (Skizze[139])? Welche Absichten verfolgt Zuckmayer mit der Entlastung der Hauptfigur?
Hausaufgabe	Skizziere das Schicksal von Schlettows, und erkläre, warum er aus dem Dienst ausscheidet.

5. Stunde

Gegenstand	Die Träger der Uniform: von Schlettow und Obermüller
Didaktische Aspekte	Der Militarist aus Überzeugung: von Schlettow als Gegenbild Voigts, die Deformierung des Menschen durch den Militarismus Der Opportunist: Obermüllers Anpassung an das System, die Laufbahn des Beamten im Wilhelminischen Staat, die Folgen der Anpassungsleistung im Konfliktfall; Zuckmayers Verzicht auf Fundamentalkritik am Zweiten Kaiserreich
Unterrichts-verlauf	Vergleichende Charakterisierung der Uniformträger (Herkunft, Stellung, Habitus, Überzeugungen, Sprechweisen); Klärung des pyramidalen Aufbaus der hierarchischen Gesellschaft, der Sozialisation der Staatsdiener; Einstufung der Figuren als Repräsentanten von Institutionen und gesellschaftlichen Gruppierungen; Beurteilung der gegenläufigen Individualisierung (der Ambivalenz von Kritik und Sympathie)
Methodische Hilfen/ Impulse	UG: Warum läßt Zuckmayer die beiden ersten Träger der Uniform auf der Bühne auftreten? Welche Eigenschaften, Verhaltensweisen und Sprechhandlungen kennzeichnen von Schlettow, welche politischen und moralischen Werte vertritt er (Einbezug der HA)? Woran scheitert er (Materialien zum Ehrenkodex bei Scheible)[140]? Warum darf Obermüller erst als zweiter die Uniform tragen? Worin unterscheidet er sich von dem Hauptmann (vergleichendes Tafelbild)? Woran scheitert er? LV oder KRef zum hierarchischen Gesellschaftsaufbau (Skizze) und zum Prozeß der Eingliederung der Staatsdiener UG: Wie beurteilt der Zuschauer beide Figuren? Woran liegt es, daß er immer auch Sympathie empfindet? Warum hat Zuckmayer sympathische Züge in ihr Charakterbild aufgenommen?
Hausaufgabe	Notiere Textstellen, in denen bezeichnende Aussagen über die Uniform gemacht werden.

6./7. Stunde

Gegenstand	Der Weg Voigts und der Uniform
Didaktische Aspekte	Sicherung der Textkenntnis, Rekonstruktion des Handlungsverlaufs; die beiden Handlungsstränge um Voigt und die Uniform und ihr Parallelismus: die Degradierung der Uniform und die Tragödie Voigts, die „Hochzeit" der Handlungsträger und die Komödie des Hochstaplers; die Fetischisierung der Uniform: die Umkehrung von Sein und Schein
Unterrichts-verlauf	Erarbeitung von Schaltstellen in den Biographien der Uniform und Voigts; Strukturierung und Vergleich der beiden Biographien; Schlußfolgerungen zur Verselbständigung der Uniform, zum Schein-Sein-Verhältnis und zum glücklichen Ende
Methodische Hilfen/ Impulse	UG: In welchen Szenen „tritt" die Uniform „auf", welches Schicksal erleidet sie, was bedeutet sie für den jeweiligen Träger, wie werden sie und ihr Schicksal von den Figuren kommentiert (Einbezug der HA)? Wann kommt Voigt mit der Uniform in Kontakt? Welche wesentlichen Phasen seines Lebenslaufes liegen zwischen diesen Ereignissen? Wie arbeitet Voigt auf die Lösung seines Konfliktes mit der Gesellschaft hin? Wie verhalten sich der Weg Voigts und der der Uniform zueinander (vgl. Skizze S. 75)? Warum kann Voigts Coup gelingen, was wäre aus Voigt ohne den Erwerb der Uniform geworden? Welche Wirkung hat also die Uniform auf alle Beteiligten?
Hausaufgabe	Erfinde ein Streitgespräch zwischen von Schlettow und Wabschke über Voigts Tat und den Triumph der Uniform.

8. Stunde

Gegenstand	Das Gefängnis als Schule der Nation (8. Szene)
Didaktische Aspekte	Die Analogie Zuchthaus/Militär/Erziehungswesen; das Verhältnis von Kirche und Staat; die Rhetorik des Militaristen; Voigts Identifikation mit den Prinzipien des Systems
Unterrichts-verlauf	Auffinden der Analogie Gefängnis–Erziehungswesen, Information zur Pädagogik der Zeit; Charakterisierung des Gefängnisdirektors; Analyse der Ansprache zum Sedanstag; kritische Beurteilung der Darstellungsmittel Zuckmayers (Schwank statt Satire)
Methodische Hilfen/ Impulse	UG: Der Direktor nennt seine Übungen „Unterricht": Welche Unterrichtsmethoden wendet er an? Welche Rückschlüsse läßt seine Methode auf die Pädagogik im Kaiserreich zu? Welche Einstellungen zeigt der Direktor gegenüber Kaiser, Volk und Krieg (LV zum „Sedanstag")? Warum kann die Pre-

digt durch eine deutsch-nationale Ansprache ersetzt werden (LV zur Rolle des Protestantismus im Kaiserreich)? Mit welchen rednerischen Mitteln will der Direktor die Haltungen seiner Zuhörer beeinflussen? Welche Wirkung soll erreicht werden, wie verhält sich die Wirkungsabsicht zur Situation der Zuhörer und ihrer Reaktion?
Warum reagiert Voigt nicht wie die anderen Zuchthausinsassen? Was bezweckt er mit seiner Art der Reaktion? Welche Bedeutung hat die Szene für Voigt und das spätere Geschehen? Mit welchen Mitteln macht der Autor seine Stellung dem Vorgang und den Figuren gegenüber deutlich? Läßt die Gestaltung des Direktors eine ernsthafte Kritik am Militarismus zu?

Hausaufgabe	Notiere wichtige Aussagen zu den Motiven Mensch – Recht – Ordnung.

9. Stunde

Gegenstand	Zentralmotive: Mensch, Recht und Ordnung (vor allem Szenen 9 und 14)
Didaktische Aspekte	Die Mentalität des Kleinbürgers; der Rechtskonflikt zwischen Hoprecht und Voigt: staatliches Recht gegen Menschenrecht; Voigts Loyalität gegenüber der Staatsmacht
Unterrichtsverlauf	Informationen zum Kaisermanöver und zum Militäranwärter[141]; Vergleich von Hoprechts und Voigts Rechtsauffassung, Auflistung der Positionen, Rückführung von Hoprechts Position auf seine kleinbürgerlichen Anschauungen; Vergleich der Kontrasthandlung um Hoprecht und Voigt; Erörterung der Staatstreue Voigts
Methodische Hilfen/ Impulse	UG: Was ist der Anlaß, was der Grund für den Konflikt zwischen Voigt und seinem Schwager? Was ist der Gegenstand des Konflikts, welche Positionen und Argumente werden vertreten (Einbezug der HA, vergleichendes Tafelbild)? Welche Umstände in Biographie, Lebensweise und Mentalität hindern Hoprecht daran, Voigt zu verstehen? Wie macht Zuckmayer durch die Regieanweisungen und den Handlungsverlauf deutlich, daß er auf Seiten Voigts steht? Warum befrachtet Zuckmayer eine Komödie mit diesem umfangreichen Entscheidungs-Dialog? Welche Erklärung leistet die Diskussion für Voigts Tatentschluß? Ist es vorstellbar, daß Voigt im Notfall gegen die Staatsmacht rebellieren würde?
Hausaufgabe	Gliederung der 12. Szene in Sinnabschnitte; oder: Entwurf einer Eingabe an das Justizministerium mit Vorschlägen zur Resozialisierung Voigts.

10. Stunde

Gegenstand	Die Tragödie Lieskens (12. Szene)
Didaktische Aspekte	Funktionswert der Figur Lieskens und der Szene für Voigt (Demonstration seiner Menschlichkeit, seines imitatorischen Talentes, der Entschluß zur Tat) und für die Komödie (die Tragödie, die Voigt unter märchenhaften Umständen vermeiden kann); der antithetische Parallelismus Voigt–Liesken; Symmetrie und Parallelität des Szenenaufbaus
Unterrichts-verlauf	Vorspielen der Filmszene (mit Heinz Rühmann), Besprechung der Angemessenheit der Verfilmung; oder: Diskussion von Rezensenten-Urteilen über die Szene[142]; Information über Kinderarbeit; Analyse der Szene unter besonderer Berücksichtigung der Lied- und Märchenzitate; Vergleich der Schicksale Voigts und Lieskens, das Verhältnis von Tragödie und Komödie
Methodische Hilfen/ Impulse	Zusätzliche Leitfragen: Was erfährt der Zuschauer über Liesken und ihr Schicksal? Welche wichtigen Informationen über Voigts Eigenschaften und Fähigkeiten vermittelt die Szene? Warum hält sich Zuckmayer an das Prinzip der verdeckten Handlung (ist das Mädchen nicht zu sehen, geschieht die Ausweisung hinter der Bühne)? Welche Bedeutung haben das Märchen, die Lieder, die Erzählungen Voigts für das Mädchen einerseits, für Voigt andererseits (vgl. Skizze S. 37)? Warum ist in dieser Szene ausnahmsweise von der Uniform nicht die Rede? Was würde dem Schauspiel verlorengehen, wenn Zuckmayer auf diese Szene verzichtet hätte?
Hausaufgabe	Übersicht über die Szenenfolge des III. Aktes

11. Stunde

Gegenstand	Die Köpenickiade (III. Akt)
Didaktische Aspekte	Die historische Köpenickiade (in Voigts Darstellung), Zuckmayers Intentionsverschiebung (Veränderung des Tatmotivs), Entkriminalisierung des Vorgangs (Verstärkung der Zwangslage Voigts, Verzicht auf Diebstahl, Selbstanzeige statt Denunziation, Tilgung der prahlerisch-autistischen Charakterzüge); die Ankündigung des Weltkrieges
Unterrichts-verlauf	Information über die historische Köpenickiade[143], Erarbeitung und Begründung der Veränderungen; Veranschaulichung anhand von Szene 16; Diskussion der Komödienlösung

110

Methodische Hilfen/ Impulse	UG: Wie hat Zuckmayer den Coup Voigts umgestaltet (vergleichendes Tafelbild)? Was wollte er damit erreichen? Welche Szenen des III. Aktes könnten bei einer Inszenierung ohne Substanzverlust für das Stück gestrichen werden, welche nicht? Die Spaziergängerszene hat für das Erreichen des guten Endes keine Funktion: Warum unterbricht sie den geradlinigen Tathergang? Was erreicht Zuckmayer dadurch, daß er Figuren verschiedener Gesellschaftsschichten und Generationen vorbeidefilieren und über militärische Fragen debattieren läßt? Warum verlagert er das gesamte Geschehen von 1906 auf 1910? Wie mag der Zuschauer von 1931 auf diese Szene reagiert haben? Worauf legt Zuckmayer den stärkeren Akzent: auf die Warnung vor dem Weltkrieg oder auf das schwankhafte Happy-End?
Hausaufgabe	Lektüre der *Bremer Stadtmusikanten* oder eines anderen Märchens

12. Stunde

Gegenstand	Märchen oder Satire?
Didaktische Aspekte	Definition der Gattung Märchen; Märchenmotive und Märchenstrukturen im Drama, psychische und soziale Funktionen des Märchens; die Ambivalenz des Untertitels und des letzten Wortes
Unterrichts-verlauf	Erarbeitung einer Typologie des Märchens, Anwendung der Typologie auf das Drama, Vergleich mit Zuckmayers Selbstinterpretation, Diskussion des paradoxen Untertitels
Methodische Hilfen/ Impulse	UG: Warum hat Zuckmayer dem Drama den Untertitel „ein deutsches Märchen" gegeben? Wo und in welcher Weise bezieht sich das Drama ausdrücklich auf märchenhafte Vorbilder? Welche Merkmale kennzeichnen ein Märchen (Einbezug der HA)? GA: Lassen sich diese typisch märchenhaften Elemente in der Komödie wiederfinden (vergleichendes Tafelbild)? Wie wirkt die Verfremdung ins Märchenhafte auf den Zuschauer? UG: Ist der Schluß des Dramas ein Märchenschluß? Welche Bedeutung hat das letzte Wort? Warum setzt Zuckmayer das Attribut „deutsch" zur Gattungsbezeichnung „Märchen"? Hat Zuckmayer recht, wenn er sein eigenes Stück als Märchen nacherzählt (vgl. Zuckmayers Waschzettel zur Uraufführung)[144]?
Hausaufgabe	Lektüre einer Rezension; Exzerpieren der Zentralaussagen; oder: Schreibe Zuckmayers Märchen in ein Anti-Märchen um.

Gegenstand	Eine Rezension des *Hauptmann von Köpenick* (Beispiel: Joseph Goebbels, „Asphaltliteratur")[145]
Didaktische Aspekte	Analyse eines Rezeptionsbeispiels, das Erkenntnis- und Darstellungsinteresse von literarischer Kritik, argumentative Auseinandersetzung mit einer vorgegebenen Interpretationsthese; Synthese der Unterrichtsergebnisse
Unterrichts-verlauf	Erarbeitung der Thesen und Argumente der Rezension; Bestimmung der Position und Wirkungsabsicht des Rezensenten; abschließende Klärung der eigenen Interpretation durch Auseinandersetzung mit der Rezension
Methodische Hilfen/ Impulse	Auf welche Aspekte des Stücks konzentriert sich der Rezensent? Wie beurteilt er sie und wie begründet er sein Urteil? Welches politische, künstlerische oder persönliche Interesse hat der Rezensent, die Lesermeinung so und nicht anders zu lenken? Warum wurde Zuckmayer von den Nazis als „Asphaltliterat" denunziert und wurden seine Stücke 1933 mit einem Aufführungsverbot belegt? Was ist auf Goebbels' Angriffe aus deiner Sicht zu entgegnen? Welche Tendenzen des Stückes hat er richtig erkannt?
Hausaufgabe	Abfassung einer Gegenrezension; oder: Könnte es heute noch einen Fall von Köpenick geben? Begründe deine Ansicht.

4
Lektüre in der Sekundarstufe II?

Die Gewohnheit hat das Stück ganz in die Sekundarstufe I verbannt. Weil aber das Strickmuster der Textur so offen zu Tage liegt, erlaubt die Besprechung eine intensive Strukturanalyse und ein generatives Verfahren. Das Interesse, wie etwas gemacht ist oder wie es gemacht wird, wächst, wenn die Phase der ersten Pubertätslyrik überwunden ist. Die Gebundenheit des Stückes an die Tradition fordert zudem heraus, den Schüler mit den literaturgeschichtlichen Bezügen des Stücks vertraut zu machen. Zuckmayer bleibt zeitlebens dem Gefilde hoher Ahnen verpflichtet. Es sind immer wieder dieselben zum Bild geronnenen Modelle, an denen er sich orientiert hat. Dazu zählen Werke des Sturm und Drang in erster Linie, folglich spielt auch Büchner eine von keinem anderen übertroffene Rolle. Es gibt kein Stück Zuckmayers, das sich nicht in irgendeiner Weise, sei es motivisch, sei es atmosphärisch, sei es stilistisch, an die wenigen Worte anlehnt, die Büchner hinterlassen hat.

Weitere literarisch-musikalische Urerlebnisse sind das Werk Richard Wagners, die Dramen Schillers, der *Faust*, Kafkas Parabeln und immer wieder die romantische Künstlermetaphysik. Der Unterricht der Sekundarstufe II hat also ein weites Feld vor sich, nicht nur Einblick in die Traditionsgebundenheit Zuckmayers oder den Wandel von Modellen durch die Literaturgeschichte zu vermitteln, sondern im Vergleich auch die Qualitätsfrage zu stellen. Die Kombinationsmöglichkeiten sind zahlreich. Als Zeitstück hätte die Komödie ihren Ort in einer Reihe über die Literatur der Kaiserzeit und der Weimarer Republik. Fontanes *Schach von Wuthenow*, Heinrich Manns *Untertan*, Thomas Manns *Königliche Hoheit* und *Felix Krull*, auch Auszüge aus *Die letzten Tage der Menschheit* spiegeln ein und dieselbe Zeit mit verschiedensten Methoden, literarischen Formen und Tendenzen.

Zuckmayer wollte ein „Menschenbild" „beschwören". Eine diachron angelegte Reihe könnte den Wandel des Menschenbildes und der Dramenform beobachten, der von der *Iphigenie* über den *Woyzeck* hin zum *Biberpelz* und dem *Hauptmann von Köpenick* führt.

Verzichtet man auf den dramentheoretischen Aspekt, bietet sich ein Vergleich verschiedener literarischer Heldentypen an: *Michael Kohlhaas, Woyzeck, Papa Hamlet* oder *Familie Selicke, Berlin Alexanderplatz, Dreigroschenoper, Die Blechtrommel*.

Steht das Problem der literarischen Wertung an, liegt noch einmal der Vergleich mit dem *Woyzeck* nahe. Verschiedene Auffassungen von Aufgabe und Ziel des Volksstücks zeigt der Vergleich mit Brechts *Herr Puntila und sein Knecht Matti*.

Vernachlässigt wird im Deutschunterricht traditionell das Lustspiel, weil es im Ruf steht, nicht zu existieren. Eine Darstellung mit geschichtlicher und literaturgeschichtlicher Perspektive müßte bei Formen ansetzen, die der *commedia dell'arte* noch nahestehen, also bei Dramen Goldonis oder Gozzis. Gozzis *L'Amore delle tre Melarance* („Die Liebe zu den drei Pomeranzen") hat auf Büchners *Leonce und Lena* eingewirkt. Aber auch *Minna von Barnhelm* hat teil an der Tradition der italienischen Komödie. Gestaltentausch und Identitätsproblem könnten am *Amphitryon* beobachtet werden. *Der zerbrochene Krug* und *Der Biberpelz* leiten direkt zu Zuckmayer hin. Das Problem der ernsten Komödie stellt sich dann von selbst.

Die Unterrichtsreihe in der Sekundarstufe II akzentuiert je nach der Stellung in einer Sequenz anders. Mehr als in Sekundarstufe I sollten auf jeden Fall die literaturhistorische und zeitgeschichtliche Dimension wie auch die Struktur analysiert werden.

Ist es nicht möglich, einen größeren Rahmen für die Besprechung abzustecken, sollte doch zumindest punktuell mit Szenen aus einem Drama der geschlossenen Form verglichen werden, um die Unterschiede der Komposition, der Personenzeichnung, der Behandlung von Raum und Zeit und der Stillage herauszuarbeiten. Kategorien für einen solchen Vergleich sind bei Volker Klotz zu finden. Die mimetischen Fähigkeiten Zuckmayers erhellen sich dann durch Stiluntersuchungen (Berolinismen, Sprachschichtung, Beamtensprache, Militärsprache, Bildungssprache, Sprachklischees, Sprachwitz, Sprachformen des Humors, Sprachspiele, Motivik, Metaphorik, Rhetorik des Unmenschen).

Die Genese des Stücks zeigt der Vergleich mit unmittelbaren Vorbildern: Kafkas *Vor dem Gesetz* oder dem Großmuttermärchen resp. Maries Bibellektüre aus dem *Woyzeck*. Auch die Transformation von figuralem Material ist zu verfolgen, wenn Gulbranssons Zeichnung neben die 16. Szene gelegt wird. Die Spaziergängerszene (II 1) aus *Dantons Tod* ist motorisch und dramentechnisch mit Zuckmayers 16. Szene verwandt, Zuckmayers 3. Szene mit der Wirtshausszene des *Woyzeck*, Voigts Uniformkauf mit Woyzecks Messerkauf beim Juden.

Entschiedener als in der Sekundarstufe I kann die Frage nach der satirischen Qualität angegangen werden durch den Vergleich mit satirischer Kurzprosa und die Erarbeitung einer Typologie der Satire.[146]

5
Klausurvorschläge

Die Vorschläge beziehen sich auf den textanalytischen Unterrichtsentwurf. Sie sollen ein Spektrum der üblichen Schreibformen aufzeigen, bieten aber neben den streng analytischen auch eher freie Themenstellungen an. Die Themen für die Sekundarstufe I setzen eine Arbeitszeit von 2 Schulstunden, die für die Sekundarstufe II eine Zeit von 3 Schulstunden voraus. Die Textvorlagen können hier nicht alle reproduziert werden; sie sind in leicht zugänglichen Textsammlungen zu finden.

1. Szenenanalysen
a) Szene 5
  – Beschreibe die Auffassung, die Schlettow von seinem Beruf hat.
  – Zeige, welches Problem sich aus dieser Berufsauffassung für den Hauptmann ergeben hat und wie er darauf reagiert.
(Klasse 7/8)
b) Szene 11
  – Gib knapp den Inhalt der Szene an und zeige, welche Bedeutung sie für den Lebensweg Voigts hat.
  – Beschreibe, wie die Figuren miteinander umgehen und sprechen.
(Klasse 7/8)

c) Szene 4

Analysiere die vierte Szene, indem du
- kurz den Zusammenhang umreißt, in dem die Szene angesiedelt ist,
- den Szenenaufbau verdeutlichst,
- die Stellung der Figuren zueinander und die Charakterisierung durch den Dialog beschreibst,
- die Funktion der Liedeinlage erläuterst.

(Klasse 9/10)

d) Szene 12

Diese Szene ist oft als überflüssig und sentimental gescholten worden. Mache eine „Weglaßprobe": Was würde dem Stück verlorengehen, wenn diese Szene fehlte?

(Klasse 9/10)

e) Szene 16

Kläre die Funktion der Szene für das Stück, indem du
- sie in Gesprächsabschnitte unterteilst und untersuchst, welches Problem im jeweiligen Szenensegment zur Sprache kommt,
- zeigst, wie diese Szenenabschnitte den Problemzusammenhang des Stückes widerspiegeln.

(Sekundarstufe II)

f) Szene 11

Es ist oft gefragt worden, ob Zuckmayers Stück als Satire zu verstehen sei. Untersuche diese Frage, indem du die 11. Szene analysierst.

(Sekundarstufe II)

2. *Textvergleich* (Sekundarstufe II)

a) Erich Kästner: *Kennst du das Land, wo die Kanonen blüh'n?*
- Analysiere Kästners Darstellung des Militarismus!
- Vergleiche diese Parodie mit Szenen aus dem *Hauptmann von Köpenick*, die das Problem in besonders prägnanter Weise spiegeln.

b) Dr. Bötticher: Predigt zu Kaisers Geburtstag im Felde (1915)
- Analysiere diese Rede, indem Sie insbesondere die rhetorische Vermittlungsweise des Militarismus bedenken.
- Vergleiche diese Techniken mit denen des Gefängnisdirektors in der 8. Szene des *Hauptmann von Köpenick*.

c) Vergleiche die Szenen 2 und 4 im Hinblick auf Personenkonstellation, Dialogführung und -aufbau, Szenenaufbau und Grundproblem.

d) Heinrich Mann: *Der Untertan*, S. 181 f.

Der Kontext. Der Redner Buck zeichnet das Charakterbild eines typischen Untertans der Wilhelminischen Ära. Er versteht ihn als Typus des Schauspielers:
- Fasse die Charakterzüge zusammen, die diesen neuen Typus ausmachen sollen.

115

- Vergleiche diesen mit ausgewählten Figuren des *Hauptmann von Köpenick.*
- Zeige, wie Voigt auf den Typus des Untertan reagiert.

3. Freie Textbesprechung

a) „Schale is allens" (19)
- Zeige, inwiefern das Stück diese Lehre veranschaulicht. Beziehe dich dabei auf Textstellen deiner Wahl.
- Überlege, ob dieses Wort im Zeitalter der Jeans noch eine gesellschaftliche Bedeutung hat.

(Klasse 7/8)

b) „Wer einmal auf die schiefe Bahn gerät –" (14)
- Erläutere, welche Bedeutung diese Redensart für den Lebensweg Wilhelm Voigts hat.
- Zeige, wie es Voigt gelingt, das Wort zu widerlegen.

(Klasse 7/8)

c) „Ordnung muß sind"
- Zeige, wie dieses Wort im Gespräch zwischen Voigt und Hoprecht (Szene 14) diskutiert wird.
- Weise nach, welche Konsequenzen dieses Wort für das Schicksal Voigts besitzt.
- Überlege, ob es der Ordnung am Ende gelingt, sich zu behaupten.

(Klasse 9/10)

d) „Wissense, Herr Direktor, det is weiter nischt, sone Uniform, die macht det meiste janz alleene." (126)
- Beschreibe die Gesellschaftsanschauung, die sich hinter diesem Wort Voigts verbirgt; beziehe dich dabei auf andere wichtige Episoden des Dramas.
- Wie beurteilst du diese Gesellschaftsauffassung? (Begründe deine Meinung.)

(Klasse 9/10)

e) Versetze dich in die Situation eines Rezensenten im Uraufführungsjahr 1931 und fertige eine Kritik des Stücks an. Bedenke die geschichtliche Stunde, in der Du Dich befinden würdest.

(Sekundarstufe II)

f) „Glaubst du, daß die Menschen für die Staaten erschaffen werden? Oder daß die Staaten für die Menschen sind? (...) Das Totale der einzelnen Glückseligkeiten aller Glieder ist die Glückseligkeit des Staats. Außer dieser gibt es gar keine. Jede andere Glückseligkeit des Staats, bei welcher auch noch so wenig einzelne Glieder leiden, und leiden *müssen,* ist Bemäntelung der Tyrannei. Anders nichts!" (G. E. Lessing: *Ernst und Falk*)
Untersuche, in welchem Verhältnis Mensch, Staat und Tyrannei im

Hauptmann von Köpenick stehen. Beziehe dich auf Szenen deiner Wahl.
(Sekundarstufe II)

g) „Handle so, daß du die Menschheit, sowohl in deiner Person als in der Person eines jeden anderen, jederzeit zugleich als Zweck, niemals bloß als Mittel brauchst." (I. Kant: *Grundlegung zur Metaphysik der Sitten*)[148]
Zeige, welche Absichten Kant mit dieser Formulierung des kategorischen Imperativs verfolgt und wie sie sich zum Militarismus-Problem des *Hauptmann von Köpenick* verhält.
(Sekundarstufe II)

h) „Sie wissen wohl nicht, wen die Geschichte als den repräsentativen Typus dieser Zeit nennen wird?"
„Den Kaiser!", sagte Diederich.
„Nein", sagte Buck. „Den Schauspieler."
(Heinrich Mann: *Der Untertan*)[149]
Zeige an ausgewählten Szenen des *Hauptmann von Köpenick*, welcher der beiden Gesprächspartner recht hat.
(Sekundarstufe II)

4. Erörterung im Anschluß an eine fachspezifische Textvorlage
(Sekundarstufe II)
a) Paul Rilla: *Zuckmayer und die Uniform*[150]
 – Fasse Rillas Thesen knapp zusammen und kläre seine Begriffe „Idylle" und „Satire".
 – Erörtere, ob Zuckmayer eine Idylle oder eine Satire intendiert hat, indem du dich auf die Analyse ausgewählter Szenen beziehst.
b) Rezension einer Aufführung von Alfred Kerr (2.6.1931)[151]
 – Isoliere die wesentlichen Aussagen Kerrs.
 – Beschreibe die Methode der Rezension.
 – Kerr orientiert sich zum Schluß am aktuellen Zeitbezug des Stücks: Zeige durch Analyse ausgewählter Szenen, warum Zuckmayers Komödie in den frühen dreißiger Jahren als aktuell empfunden werden konnte.
c) Rezension von Herbert Ihering[152]
 – Formuliere thesenhaft Iherings Behauptungen und Einwände.
 – Begründe Iherings Vorwurf der „Standpunktlosigkeit" des Stücks, indem du dich auf ausgewählte Szenen beziehst.
d) Bertolt Brecht über das „Volksstück"[153]
Untersuche, ob Zuckmayers *Hauptmann von Köpenick* in Brechts Sinne als „Volksstück" verstanden werden kann.

Anhang

Anmerkungen

Die kursiven Ziffern beziehen sich auf das Literaturverzeichnis.

[1] *51*, 65–74 (gekürzt)

[2] *51*, 151

[3] *51*, 117

[4] So Wilhelm Schäfer in seinem Köpenick-Roman. Voigt selbst erzählt, wie er anläßlich eines Konfliktes der Eltern halbnackt aus dem Haus flieht und im Haus des Nachbarn Kleidung entwendet, um seine Blöße zu bedecken.

[5] *51*, 161 f.

[6] Programmheft zur Aufführung des *Hauptmann von Köpenick* (Spielzeit 1930/31), zit. n. *71*, 44 f.

[7] Zit. n. *68*, 14. Vgl. *57*, 170: „in hunderten von Theaterstücken wird er über die Bühne wandern."

[8] *51*, 124

[9] *57*, 28.10.1906

[10] abgedruckt *71*, 15

[11] *51*, 124

[12] *66*, 517. Die zahlreichen Bearbeitungen des Stoffes konzentrieren sich auf zwei Entstehungsphasen, die Jahre zwischen 1906 und 1910 und die Zeit zwischen 1930/1933. Nur Zuckmayer nutzt die Möglichkeiten, die die Analogie der historischen Stunde bietet.

[13] *3*, Bd. II, 454

[14] *20*, 164, 172

[15] Carl Zuckmayer '78. Ein Jahrbuch. Frankfurt 1978, 172

[16] *3*, Bd. II, 336

[17] *3*, Bd. II, 337

[18] *3*, Bd. II, 410 f.

[19] Bölsche, Wilhelm. Die naturwissenschaftlichen Grundlagen der Poesie (1887). Hrsg. v. Gotthard Wunberg. Tübingen 1976, 11

[20] Vgl. dazu die Skizze zum „Weg der Uniform", S. 75 dieser Arbeit

[21] Vgl. Lüthi, Max: So leben sie noch heute. Betrachtungen zum Volksmärchen. Göttingen 1969, 26 f. Jürgen Hein weist nach, daß auch die Handlung auf drei Aktionsebenen verläuft (*22*, 275).

[22] Protasis (= Vorspann): Exposition im dreiaktigen Drama. Epitasis (= Anspannung): Verwicklung, Höhepunkt im dreiaktigen Drama. Lysis (= Lösung): Abschluß der Handlung, Lösung des Konflikts.

[23] Vgl. schon *75*, 283

[24] *36*, 1080

[25] *15*, 173, 176

[26] *15*, 173

[27] Ein Schriftsteller, der den Expressionismus noch miterlebt hatte, kannte diesen „Einfall" aus Strindbergs *Traumspiel*, dem Spiel vom Menschen, der sein Leben vor einer Tür verwartet, die ihm das Ziel seiner Wünsche verschließt. Näher aber noch lag Kafkas Parabel *Vor dem Gesetz* aus dem 1925 als Romanfragment edierten *Der Prozeß*. Die Parabel, die der Geistliche Josef K. im Dom erzählt, war

selbst schon Parabel in der Parabel, Integrationspunkt und Selbstinterpretation. Denselben Strukturwert hat Zuckmayers elfte Szene: Sie zeigt eine Situation, die der gemeinsame Nenner der Lebenssituationen Voigts ist.

[28] Gewiß will Zuckmayer, daß der Zuschauer Verdis *Traviata* assoziiert. Solche Parodien waren dem Naturalismus eigentümlich, der die klassischen Muster des Leidens und Todes entpathetisieren und in seinen naturwissenschaftlichen Determinanten zeigen wollte. Beispielhaft ist hier jene Szene des dritten Aktes, in der die Melodien des Pariser Karnevals ins Zimmer der Kameliendame dringen. Die Edelhure singt sich beim Klang silbriger Geigen zu Tode, das Mädchen Zuckmayers geht seinem Tod bei Drehorgelmusik entgegen. Liesken ist La Traviata, verlegt ins Zillesche Hinterhofmilieu.

[29] „Auf Flügeln des Gesanges, / Herzliebchen, trag ich dich fort, / Fort nach den Fluren des Ganges, / Dort weiß ich den schönsten Ort.

Dort liegt ein rotblühnder Garten / Im stillen Mondenschein; / Die Lotosblumen erwarten / Ihr trautes Schwesterlein.

Die Veilchen kichern und kosen, / Und schaun nach den Sternen empor; / Heimlich erzählen die Rosen / Sich duftende Märchen ins Ohr.

Es hüpfen herbei und lauschen / Die frommen, klugen Gazelln; / Und in der Ferne rauschen / Des heiligen Stromes Welln.

Dort wollen wir niedersinken / Unter dem Palmenbaum, / Und Liebe und Ruhe trinken, / Und träumen seligen Traum." (*52*, Bd. I, S. 78.)

[30] So Kerr: „Er verwechselt leider ‚dichterisch‘ mit ‚sentimental‘. Das kranke Mädchen wirkt furchtbar. (Auch darstellerisch das einzig Üble. ‚Man zermalme dieses Weib!‘)" (*20*, 160)

[31] *6*, 45

[32] *26*, 378 ff.

[33] *7*, 160

[34] Carl Zuckmayer in Mainz. Hrsg. v. Walter Heist. Mainz 1962, 41

[35] *26*, 383, 386

[36] *26*, 377 f.

[37] *42*, 102

[38] *51*, 42

[39] *51*, 17

[40] *37*, 436

[41] *51*, 63

[42] *51*, 69

[43] *12*, 114

[44] *17*, 62

[45] So *17*, 62; *74*, 29

[46] So dagegen *17*, 63

[47] *12*, 113

[48] Mayer, Hans: *Außenseiter*. Frankfurt 1975, 23

[49] Zit. n. *73*, 141 f.

[50] Zuckmayer, Carl: Ein voller Erdentag. Zu Gerhart Hauptmanns hundertstem Geburtstag. Frankfurt 1962, 34

[51] *48*, Bd. XV, 127. In der Variation der Strophe ist vom „Gebieter" („Geliebter") die Rede.

[52] *17*, 53

[53] Onkel Willem zunächst verwandt ist Onkel Kopelke aus Holz/Schlafs *Familie Selicke.* Wegen dieser Verwandtschaft heißt wohl später das kranke Mädchen auch „Liesken", ähnlich dem „Linchen" Holzens.

[54] Kofler, Leo: Der asketische Eros. Wien 1967, 244

[55] Vgl. Augustinus, Enarr. in ps. XLI: Augustinus identifiziert das Herz des Menschen mit einem Abgrund. Diese Identifikation nimmt Büchner auf in verschiedenen Variationen. Am eindeutigsten in Woyzecks „Der Mensch ist ein Abgrund", auf den Weltzustand übertragen in *Dantons Tod:* „Ja, die Erde ist eine dünne Kruste, ich meine immer ich könnte durchfallen, wo so ein Loch ist." (*46,* Bd. I, 33)

[56] Horkheimer, Max: Autorität und Familie. In: Kritische Theorie und Gesellschaft. Hrsg. v. Marxismus-Kollektiv. Frankfurt 1968, 277–360; 340f.

[57] Vgl. Adorno, Theodor W. u.a.: Der Autoritäre Charakter. Amsterdam 1968, 393

[58] Bis auf Voigt und Liesken sind alle *dramatis personae* der Intention nach Masken. Wie schon im *Fröhlichen Weinberg* lehnt sich Zuckmayer an ein Figuren- und Komödienschema an, dem die Maske eigentümlich ist: das der *commedia dell'arte,* der volkstümlichen italienischen Stegreifkomödie mit feststehendem Szenar, das stereotype Verwicklungen variiert. Am Anfang steht in Schlettow *capitano,* der bramarbasierende, angeberische und schlachtenstolze Offizier auf der Bühne. Ihn bekleidet der ausdrücklich so genannte „Pojazz" Wabschke mit der Uniform. Die Maske des bei Zuckmayer so beliebten *dottore,* des redseligen Gelehrten (Knuzius!), der in seiner Pedanterie verkümmert, muß der Opportunist Obermüller übernehmen. Im Ensemble dieser Stereotypen könnte auch Wormser als Typus verstanden werden: als der Kaufmann ohne Glück, der alles, auch die Verheiratung seiner Tochter, so organisieren will, daß es gelingt, der aber am Ende der Geprellte ist. Diese Typen alle repräsentieren die Gesellschaft, der Voigt nicht zugehört. Der hat am Maskentreiben keinen Teil. Nur der Außenseiter darf diesem Typenspiel ein Ende setzen. Er ist die notwendigste Figur, wenn auch nicht die Hauptfigur. Zuckmayer durchbricht dies Schema freilich immer wieder, da es ihm nie gelingen will, Menschen nach einem Schema darzustellen.

[59] Vgl. Zuckmayers Geleitwort zu *17,* VII

[60] *4, 63*

[61] Nietzsche, Friedrich: Kritische Ausgabe sämtlicher Werke und unveröffentlichter Texte. Hrsg. v. Giorgio Colli u. Mazzino Montinari. Bd. V, 2. Berlin, New York 1967ff., 201

[62] *6, 65f.*

[63] *4, 81*

[64] *6, 71; 4, 84*

[65] *68, 45*

[66] Vgl. pass. die Strukturgeschichte von Wehler *(68)*

[67] *68, 62*

[68] *68, 130*

[69] Zit. n. *51, 11*

[70] *68, 75*

[71] Zuckmayer macht sich eines Anachronismus' schuldig. Auch nach der Chronologie seines Stücks (das den Staatsstreich von Köpenick ins Jahr 1910 verlegt) kann Obermüller im 1. Akt (um 1900 spielend) dieser Partei noch nicht angehört haben.

[72] *68, 96*

[73] Vgl. Adorno, Theodor W.: Studien zum Autoritären Charakter. Amsterdam 1968. Horkheimer, Max: Autorität und Familie. In: Horkheimer, Max: Traditionelle und kritische Theorie. Vier Aufsätze. Frankfurt 1960, 162–230

[74] *67,* 108

[75] *67,* 151

[76] *44,* 18

[77] *56,* 51

[78] Bölsche, Wilhelm: a.a.O., 50

[78a] *22,* 275

[79] Klotz, Volker: Geschlossene und offene Form im Drama. München 1962, 2. Aufl., 126. Vgl. auch die Einzeltische im Club „Bonne Queue" (18)

[80] Klotz, Volker: a.a.O., 141

[81] *47,* Bd. I, 121

[82] Stattdessen singt er: „Jloobste denn, jloobste denn, / Du Balina Pflanze, / Jloobste denn, ick liebe dir, / Weil ick mal mit dir tanze!" (29)

[83] Zit. n. *71, 44*

[83] In der Phantasie des Heranwachsenden lösen zwei Märchenwelten einander ab. War es am Anfang die Welt der Großmuttermärchen, ist es bald die Welt des Theaters, die als anderes Märchen die kindliche Phantasiewelt zu einer jugendlichen Wagnerwelt weiterentwickelt (vgl. *3,* Bd. I, 161 f.).

[84] *3,* Bd. V, 135. Zuckmayer hat den *Hauptmann von Köpenick* ein „symphonisch strukturiertes Stück" genannt (*17,* 212, Anm 12).

[85] Zit. n. *71, 44*

[86] Vgl. die Schlüsselwortanalyse von Butzlaff, *69*

[87] *3,* Bd. II, 455. Zum Schlüsselwort „Mensch" vgl. *69,* 108–110

[88] *64,* 222

[89] Oxymoron: Paradoxes Spannungsverhältnis zwischen Qualitätsträger und Qualität (*58,* 126)

[90] Euphemismus: Ersatz eines durch Tabu verbotenen Wortes (*58, 65*)

[91] Eine Analyse des Formalismus dieser Rede findet sich: *33,* 203

[92] *33,* 203

[93] *6, 73*

[94] Aber auch der „Ausrutscher": „silentium strictissimus" (80) gehört wesentlich zu diesem prätentiösen Sprachgestus.

[95] Anapher: Wiederholung eines Satzteils zu Beginn aufeinander folgender Wortgruppen (*58, 86*)

[96] Tautologie: Bezeichnung desselben Begriffs oder Sachverhalts durch gleichbedeutende Wörter

[97] *33,* 200

[98] *33,* 199

[99] Bemerkenswert auch die Dialekttypologie Zuckmayers: Alle Gäste der „Herberge zur Heimat" sprechen ihren Dialekt. Sie sind „Landschafts-Personen", geographisch eingeordnet durch ihren Namen. Buttje/Hamburg, Zeck/Berlin, Jupp/Köln, Höllhuber/Bayern, Gebweiler/Elsaß usw. (*75,* 286).

[100] Klotz, Volker: a.a.O., 166 ff.

[101] Asyndeton: Fügung koordinierter Glieder ohne verbindende Konjunktion (*58,* 103)

[102] Parataxe: Beiordnung gleichberechtigter Halbsätze. Ellipse: Abweichung von der normalen Syntax durch Auslassung, die den Zusammenhang in der Schwebe läßt. Anakoluth: Störung der grammatischen Folgerichtigkeit im Satzbau

[103] Vgl. „uff Arbeet fragen" (20)

[104] Vgl. „jesotzen" (18), „jebrungen" (23). Änderungen des Lautstandes: *e* statt *ö, ee* statt *ä* und *ei, i* statt *ü, ck* statt *ch, j* statt *g, pp* statt *pf* usw.

[105] „schön is" (86). Inversion: Platzwechsel aufeinander folgender Satzglieder gegen die sprachliche Gewohnheit (*58, 108*)

[106] Synalöphe (Zusammenstoß von Auslaut- und Anlautvokal): „Seh' ck" (12), „ha' ck" (20). Synkope (Ausstoßung eines Vokals oder einer Silbe im Wortinnern): „hamse" (14), „wernse" (35). Aphärese (Weglassen eines Vokals oder einer Silbe am Anfang des Wortes): „raufmachen" (64)

[107] Vgl. „Morikaner" (19), „inkrimenieren" (12), „unziseliert" (37), „silentium strictissimus" (80)

[108] Vgl. „selbständig" statt „selbstverständlich" (20) oder „bewirten" statt „bewirtschaften" (120)

[109] Vgl. „Klamottentempel" (20), „in Omnibus insteijen" (26)

[110] Vgl. „staubdumm" (27)

[111] „Morjenstund is aller Laster Anfang" (25)

[112] „Se haben doch jetzt mein ganzes Vorleben da in de Hand" (16). Grundsätzlich zur Leistung der Berolinismen: *75, 287* f.

[113] „Schale is allens" ist ja zudem noch durch Schlegels „eingedeutschte" Version des Wortes Edgars aus dem *King Lear: „ripeness is all"* vermittelt.

[114] *60, 10*

[115] *60, 21*

[116] Antonyme: Gegensatzbegriffe (*58, 59*)

[117] Polyptoton: Änderung des Wortkörpers durch Flexion (*58, 91*)

[118] *37, 435*

[119] *5, 249, 284*

[120] = Sonderform des Oxymoron (Anm. 89): Widerspruch zwischen Hauptbegriff und Attribut

[121] *34*

[122] Zit. n. *68, 44* f.

[123] Brecht hatte zur gleichen Zeit sein Programm des epischen Theaters veröffentlicht.

[124] *17, 50*

[125] *5, 257*

[126] *5, 269*

[127] *4, 63*

[128] *5, 63*

[129] *23, 140*

[130] *63*, Bd. III, 9

[131] Vgl. Hannig, Christel: Didaktische Aspekte eines theaterorientierten Dramenunterrichts. Im Ms. gedr., Saarbrücken 1980

[132] *71, 70* ff. u. *73, 30* ff.

[133] *73, 122* ff.

[134] *69*

[135] *73, 93*

[136] Entnommen aus: Goette, Ernst: Carl Zuckmayer, Schuster Voigt – Interpretation der 2. Szene des Dramas „Der Hauptmann von Köpenick". In: Erziehungswissenschaft und Beruf 26 (1978), 205–215; 212
[137] 73, 152 ff.
[138] Vgl. S. 11 dieser Arbeit und 73, 92 ff.
[139] 74, Beilage, 7
[140] 73, 134 f.
[141] 73, 132 ff.
[142] Vgl. bes. Alfred Kerr (73, 40)
[143] Vgl. S. 7 ff. dieser Arbeit; 73, 76 ff.
[144] Vgl. S. 95 ff. dieser Arbeit und 68, 44 f.
[145] 76, 92 f.
[146] Feinäugle, Norbert: Satirische Texte. Stuttgart 1976
[147] 73, 161
[148] 65, 190–192
[149] 62, 181 f.
[150] 34, 7–10 (gekürzt)
[151] 71, 74 f. (Abschn. IV, VI, XII)
[152] 71, 73 f.
[153] 45, Bd. XVII, 1162 ff. (gekürzt)

Literaturverzeichnis

I. Werke Zuckmayers

1. Der Hauptmann von Köpenick. Ein deutsches Märchen in drei Akten. Berlin 1930
2. Der Hauptmann von Köpenick. Ein deutsches Märchen in drei Akten. Frankfurt 1961, u. ö.
3. Werkausgabe in zehn Bänden 1920–1975. Frankfurt 1976
4. Pro domo. Stockholm 1938
5. Die Brüder Grimm. Ein deutscher Beitrag zur Humanität. Frankfurt 1948
6. Die langen Wege. Ein Stück Rechenschaft. Frankfurt 1952
7. Aufruf zum Leben. Porträts und Zeugnisse aus bewegten Zeiten. Frankfurt 1976

II. Bibliographien und Forschungsberichte

8. Jacobius, Arnold John: Carl Zuckmayer. Eine Bibliographie 1917–1971. Ab 1955 fortgeführt und auf den neuesten Stand gebracht von Harro Kieser. Frankfurt 1971
9. Mews, Siegfried: Die Zuckmayer-Forschung der sechziger Jahre. In: MLN 87 (1972), 465–493
10. Mews, Siegfried: Carl Zuckmayer (27 December 1896–18 January 1977). In: GQ 50 (1977), 298–308
11. Vandenrath, J.: Der Stand der Zuckmayer-Forschung. Beitrag zu einer kritischen Bibliographie. In: MLN 76 (1961), 829–839

12. Adling, Wilfried: Die Entwicklung des Dramatikers Zuckmayer. Berlin 1959
13. Ayck, Thomas: Carl Zuckmayer in Selbstzeugnissen und Bilddokumenten. Reinbek b. Hamburg 1977
14. Bauer, Arnold: Carl Zuckmayer. Berlin 1970
15. Bienek, Horst: Carl Zuckmayer. In: Bienek, Horst: Werkstattgespräche mit Schriftstellern. München 1962, 164–178
16. Elsner, Richard (Hrsg.): Das deutsche Drama in Geschichte und Gegenwart 3 (1931), 265–268
17. Engelsing-Malek, Ingeborg: „Amor fati" in Zuckmayers Dramen. Konstanz 1960
18. Fülle der Zeit. Carl Zuckmayer und sein Werk. Frankfurt 1956
19. Glade, Henry: Carl Zuckmayer's Theory of Aesthetics. In: MdU 52 (1960), 163–170
20. Glauert, Barbara (Hrsg.): Carl Zuckmayer. Das Bühnenwerk im Spiegel der Kritik. Frankfurt 1977
21. Greiner, Martin: Carl Zuckmayer als Volksdichter. In: Hein, Jürgen (Hrsg.): Theater und Gesellschaft. Das Volksstück im 19. und 20. Jahrhundert. Düsseldorf 1973, 161–170
22. Hein, Jürgen: Zuckmayer. Der Hauptmann von Köpenick. In: Hinck, Walter (Hrsg.): Die deutsche Komödie vom Mittelalter bis zur Gegenwart. Düsseldorf 1977, 269–286, 399–401
23. Hinck, Walter: Das moderne Drama in Deutschland. Vom expressionistischen zum dokumentarischen Theater. Göttingen 1973, 136–141
24. Jacobius, Arnold John: Motive und Dramaturgie im Schauspiel Carl Zuckmayers. Versuch einer Deutung im Rahmen des zwischen 1920 und 1955 entstandenen Gesamtwerkes. Frankfurt 1971
25. Kesting, Marianne: Carl Zuckmayer – zwischen Volksstück und Kolportage. In: Kesting, Marianne: Panorama des zeitgenössischen Theaters. 58 literarische Porträts. München 1969, 278–283
26. Koester, Rudolf: The Ascent of the Criminal in German Comedy. In: GQ 43 (1970), 376–393
27. Lange, Rudolf: Carl Zuckmayer. Velber 1969
28. Loram, Ian C.: Carl Zuckmayer. An Introduction. In: GQ 27 (1954), 137–149
29. Meinherz, Paul: Carl Zuckmayer. Sein Weg zu einem modernen Schauspiel. Bern 1960
30. Mews, Siegfried: Der Hauptmann von Köpenick. „Ein deutsches Märchen" oder Kleider machen Leute. In: GN 3 (1972), 42–46
31. Paulsen, Wolfgang: Carl Zuckmayer. In: Mann, Otto u. Rothe, Wolfgang (Hrsg.): Deutsche Literatur im 20. Jahrhundert. Strukturen und Gestalten. Bd. II. Bern, München 1967, 5. Aufl., 332–361
32. Reindl, Ludwig Emanuel: Zuckmayer. Eine Bildbiographie. München 1962
33. Riegel, Paul: Carl Zuckmayer. Der Hauptmann von Köpenick. In: Büttner, Ludwig (Hrsg.): Europäische Dramen von Ibsen bis Zuckmayer. Frankfurt, Berlin, Bonn 1961, 2. Aufl., 195–208
34. Rilla, Paul: Zuckmayer und die Uniform – Der Hauptmann von Köpenick. In: Rilla, Paul: Literatur, Kritik und Polemik. Berlin 1950, 7–10

35. Rotermund, Erwin: Zur Erneuerung des Volksstücks in der Weimarer Republik. In: Festgabe für J. Dünninger. Berlin 1970, 612–633
36. Rühle, Günther (Hrsg.): Theater für die Republik 1917–1933. Im Spiegel der Kritik. Frankfurt 1967
37. Speidel, E.: The Stage as Metaphysical Institution: Zuckmayer's Dramas „Schinderhannes" and „Der Hauptmann von Köpenick". In: MLR 63 (1968), 425–436
38. Sudhof, Siegfried: Carl Zuckmayer. In: Wiese, Benno von (Hrsg.): Deutsche Dichter der Gegenwart. Berlin 1973, 64–82
39. Teelen, Wolfgang: Die Gestaltungsgesetze in Carl Zuckmayers Bühnendichtung. Masch. Diss. Marburg 1951
40. Vandenrath, J.: Drama und Theater in Zuckmayers Bühnendichtung. Masch. Diss. Lige 1960
41. Wagener, Hans: Carl Zuckmayer. München 1983
42. Werner, Sibylle: Der Hauptmann von Köpenick. Wirklichkeit und Dichtung am Beispiel des Dramas von Carl Zuckmayer. Masch. M. A. These University of Maryland 1954

IV. Literatur zum geschichtlichen und literarischen Umfeld

43. Benn, Gottfried: Gesammelte Werke in acht Bänden. Wiesbaden 1960
44. Born, Karl Erich: Von der Reichsgründung bis zum Ersten Weltkrieg. In: Gebhardt (Hrsg.): Handbuch der deutschen Geschichte, Bd. 16. München 1975
45. Brecht, Bert: Gesammelte Werke. Frankfurt: Suhrkamp 1967
46. Büchner, Georg: Sämtliche Werke und Briefe. Hrsg. v. Werner R. Lehmann. München 1974 ff.
47. George, Stefan: Werke. Ausgabe in zwei Bänden. Düsseldorf, München 1968, 2. Aufl.
48. Goethe, Johann Wolfgang von: dtv-Gesamtausgabe. München 1968, 2. Aufl.
49. Hauptmann, Gerhart: Sämtliche Werke in elf Bänden. Hrsg. v. Hans-Egon Hass u. a. Frankfurt, Berlin, Wien, Nachdr. 1974
50. Hartau, Friedrich: Wilhelm II. in Selbstbildnissen und Bilddokumenten. Reinbek b. Hamburg 1978
51. Heidelmeyer, Wolfgang (Hrsg.): Der Fall Köpenick. Akten und zeitgenössische Dokumente zur Historie einer preußischen Moritat. Frankfurt, Hamburg 1968
52. Heine, Heinrich: Sämtliche Schriften. Hrsg. v. Klaus Briegleb. München 1968
53. Hinck, Walter: Das deutsche Lustspiel des 17. und 18. Jahrhunderts und die italienische Komödie. Commedia dell'arte und Théâtre italien. Stuttgart 1965
54. Kafka, Franz: Der Prozeß. Frankfurt 1960
55. Kandler, Georg: Deutsche Armeemärsche. Ein Beitrag zur Geschichte des Instrumentariums, des Repertoires, der Funktion, des Personals und des Widerhalls der deutschen Militärmusik. Bad Godesberg 1962
56. Kant, Immanuel: Werke in zehn Banden. Hrsg. v. Wilhelm Weischedel. Darmstadt 1968
57. Kladderadatsch. LIX. Jg., Nr. 42 (21.10.1906), Nr. 43 (28.10.1906), Nr. 52 (30.12.1906)

58. Lausberg, Heinrich: Elemente der literarischen Rhetorik. München 1967, 3. Aufl.
59. Lüthi, Max: Es war einmal. Vom Wesen des Volksmärchens. Göttingen 1973, 4. Aufl.
60. Lützeler, Heinrich: Philosophie des Kölner Humors. Hanau 1977, 17. Aufl.
61. Mann, Heinrich: Essays. Hamburg 1960
62. –: Der Untertan. Roman. München 1972, 9. Aufl.
63. Mann, Thomas: Gesammelte Werke in dreizehn Bänden. Frankfurt 1974
64. Matthes, Axel (Hrsg.): Reden Kaiser Wilhelms II. Nachwort von Helmut Arntzen. München 1976
65. Schlüter, Hermann: Grundkurs der Rhetorik, München 1978, 5. Aufl.
66. Simplicissimus. Hrsg. v. Albert Langen. Spezial-Nummer Köpenick. 11 (1906) Nr. 33
67. Tuchmann, Barbara W.: August 1914. Bern, München, Wien o.J.
68. Wehler, Hans-Ulrich: Das Deutsche Kaiserreich 1871–1918. Göttingen 1980, 4. Aufl.

V. Didaktische Literatur zu „Der Hauptmann von Köpenick"

69. Butzlaff, Wolfgang: Die Schlüsselwort-Methode – Grundlagen und Beispiele. In: DU 16 (1964), 1, 93–120
70. Lucas, Lore: Carl Zuckmayer: Der Hauptmann von Köpenick. In: Lucas, Lore: Textsorte Drama. Analysen – Lernziele – Methoden. Bochum 1977, 56–79
71. Mews, Siegfried: Der Hauptmann von Köpenick. Frankfurt, Berlin, München 1972
72. Rosebrock, Theo: Erläuterungen zu Carl Zuckmayers „Der Hauptmann von Köpenick". Hollfeld o.J.
73. Scheible, Hartmut: Carl Zuckmayer. Der Hauptmann von Köpenick. Stuttgart 1977
74. Scholdt, Günter u. Walter, Dirk: Stundenblätter „Hauptmann von Köpenick". Stuttgart 1979, 2. Aufl.
75. Schulz, Bernhard: Carl Zuckmayer. Der Hauptmann von Köpenick. In: Schulz, Bernhard: Der literarische Unterricht in der Volksschule. Eine Lesekunde in Beispielen, Bd. II. Düsseldorf 1966, 276–317
76. Wirklichkeit im Drama. Materialien zu Kotzebue „Die deutschen Kleinstädter", Hauptmann „Die Weber", Zuckmayer „Der Hauptmann von Köpenick", Brecht „Die Gewehre der Frau Carrar", Frisch „Biedermann und die Brandstifter". Bearb. v. Renate Brück u.a. Stuttgart 1975

Zeittafel zu Leben und Werk

1896	geboren am 27. Dezember in Nackenheim/Rheinhessen als Sohn eines Fabrikanten
1914	Notabitur am Humanistischen Gymnasium in Mainz, Kriegsfreiwilliger
1917	Erste Veröffentlichungen in Pfemferts „Aktion"
1919/1920	Studium der Nationalökonomie, Philosophie und Biologie in Frankfurt und Heidelberg
1922/1923	Dramaturg in Kiel
1924	Dramaturg in Berlin an Max Reinhardts „Deutschem Theater", gemeinsam mit Brecht. Nach Entlassung freier Schriftsteller
1925	Heirat mit Alice Frank; Kleist-Preis
1929	Büchner-Preis; Dramatikerpreis der Heidelberger Festspiele; Drehbuch zu *Der blaue Engel* nach *Professor Unrat* von Heinrich Mann
1933	Aufführungsverbot von *Der Hauptmann von Köpenick* durch die Nationalsozialisten; Übersiedlung nach Henndorf bei Salzburg (Österreich)
1938	Emigration in die Schweiz
1939	Ausbürgerung aus Deutschland; Übersiedlung in die USA; Drehbucharbeiten in Hollywood
1941–1946	Farmer im Staate Vermont (Kanada)
1946	Rückkehr nach Europa als Zivilangestellter der amerikanischen Regierung
1952	Goethe-Preis der Stadt Frankfurt; Ehrenbürger von Nackenheim
1958	Übersiedlung nach Saas-Fee (Schweiz)
1960	Großer Österreichischer Staatspreis
1972	Heine-Preis der Stadt Düsseldorf
1977	18. Januar: gestorben in Saas-Fee

Uraufführungen

1920	*Kreuzweg* im städt. Schauspielhaus Berlin
1925	*Pankraz erwacht* im Deutschen Theater Berlin
	Der fröhliche Weinberg im Theater am Schiffbauerdamm Berlin
1927	*Schinderhannes* im Lessing-Theater Berlin
1928	*Katharina Knie* im Lessing-Theater Berlin
1931	*Der Hauptmann von Köpenick* im Deutschen Theater Berlin
1934	*Der Schelm von Bergen* in Wien
1938	*Bellman* im Schauspielhaus Zürich
1946	*Des Teufels General* im Schauspielhaus Zürich
1949	*Barbara Blomberg* im Deutschen Theater Konstanz
1950	*Der Gesang im Feuerofen* im Deutschen Theater Göttingen
1955	*Das Kalte Licht* im Deutschen Schauspielhaus Hamburg
1961	*Die Uhr schlägt eins* im Burgtheater Wien
	Das Leben des Horace A. W. Tabor im Schauspielhaus Zürich
1967	*Der Kranichtanz* im Schauspielhaus Zürich
1975	*Der Rattenfänger* im Schauspielhaus Zürich

127

Prosa

1927	*Der Bauer aus dem Taunus.* Erzählung
1935	*Salwàre oder Die Magdalena von Bozen.* Roman
1938	*Herr über Leben und Tod.* Roman
1945	*Der Seelenbräu.* Erzählung
1955	*Engele von Löwen.* Erzählung
1959	*Die Fastnachtsbeichte.* Erzählung
1966	*Als wär's ein Stück von mir.* Autobiographie

(Werkauswahl)